交通运输国家级实验教学示范中心系列实验教材

货物运输组织实验教程

李雪芹　曾蓉娣　◎ 主编

西南交通大学出版社
·成　都·

图书在版编目（CIP）数据

货物运输组织实验教程 / 李雪芹，曾蓉娣主编. —
成都：西南交通大学出版社，2022.2
ISBN 978-7-5643-8449-4

Ⅰ. ①货… Ⅱ. ①李… ②曾… Ⅲ. ①铁路运输 - 货物运输 - 组织工作 - 高等学校 - 教材 Ⅳ. ①U294

中国版本图书馆 CIP 数据核字（2021）第 246436 号

交通运输国家级实验教学示范中心系列实验教材

Huowu Yunshu Zuzhi Shiyan Jiaocheng
货物运输组织实验教程

李雪芹　曾蓉娣 / 主　编

责任编辑 / 宋浩田
封面设计 / 吴　兵

西南交通大学出版社出版发行
（四川省成都市二环路北一段 111 号西南交通大学创新大厦 21 楼　610031）
发行部电话：028-87600564　　028-87600533
网址：http://www.xnjdcbs.com
印刷：四川森林印务有限责任公司

成品尺寸　185 mm × 260 mm
印张　9.75　　字数　214 千
版次　2022 年 2 月第 1 版　　印次　2022 年 2 月第 1 次

书号　ISBN 978-7-5643-8449-4
定价　29.90 元

课件咨询电话：028-81435775
图书如有印装质量问题　本社负责退换

PREFACE

前　言

在交通运输专业本科人才培养中，《货物运输组织》是专业核心课程之一，在培养学生掌握货物运输组织基本理论和方法方面一直起着主导作用，但市面上《铁路货物运输组织》教材中只有理论知识，而缺少实验操作层面的指导。《货物运输组织实验教程》是《铁路货物运输组织》的补充。学生除了理论学习之外，辅助以实验学习，有助于让学生学以致用。目前，国内缺少货物运输实验方面的教材。学生做实验时若没有实验教材的指导，很容易出现不会动手操作，不能直观理解货物的性质，不知道货物运输中的某些措施不到位引起的危害的情况。更重要的是，因为实验中很多涉及危险货物，性质特殊，一旦发生危险，后果很严重。我们的实验教材可以为规范实验过程、保障实验安全提供切实可靠的实操依据。因此急需一本结合现场实际、适合实验教学，既有科学性，又有先进性，能体现铁路运输专业特色的本科实验教材。

本教材第一章介绍了货物的包装与标志，第二章介绍了危险货物运输，第三章介绍了货物装载加固的基础理论。基于前三章的基础知识，第四章介绍了货物运输组织实验的设备和内容，据实验内容，第五章提出了实验的方法和要求。

在出版此教材之前，我们已经使用《货物运输组织实验》讲义多年，讲义内容多次改版调整，不断丰富，最初只有危险货物的相关实验，使用两年之后，根据《货物运输组织》的内容，结合给企业做的包装检测及装载加固科研项目，又增加了货物包装检测和装载加固相关实验内容。讲义使用过程中，发现学生对基础理论掌握不足，后改版增加了基础理论、实验设备和实验原理等内容，最终形成现在的《货物运输实验教程》。参与教材编写的作者都是西南交通大学交通运输与物流学院的老师，长期从事铁路货物运输技术研究工作，主持和参与铁路危险货物运输包装检测、货物运输方案编制和货物装载加固科研项目百余项，积累了丰富的实践经验。

本教材主要是供交通运输专业的本科生开展货运实验使用，也可以为运输企业提供一定的技术指导，同时可作为企业货运相关人员的培训用书。本书结合《铁路危险货物品名表》《铁路危险货物运输管理规则》和《铁路货物装载加固规则》使用，效果更好。

感谢韩立东、蔡正洪、李宗平、黄兴建、汤银英、孙登祥等老师为本教材提供的素材，感谢研究生罗迪月、张琪和万琴同学帮忙校核文字和编码。同时对为出版本书提供帮助的单位、个人及本书的参考文献作者表示诚挚的感谢！

由于编者水平有限，书中难免有不当或者错误之处，希望广大读者批评指正。

编　者

2022 年 2 月

CONTENTS

目 录

第 1 章　货物包装与标志

1.1　货物包装

1.1.1　货物包装概述

1. 货物包装定义

我国国家标准《包装术语 第 1 部分：基础》（GB/T 4122.1—2008）中定义：包装是指为在流通过程中保护产品，方便储运，促进销售，按一定技术方法而采用的容器、材料及辅助物等的总称。也指为了达到上述目的而采用容器、材料和辅助物的过程中施加一定方法等的操作活动。因此，包装的含义一是动词，指将产品包装起来的操作；二是名词，指容器、材料及辅助物。

2. 包装的分类及作用

包装是产品生产的重要组成部分，产品只有进入流通领域成为商品，才能实现其价值。因此，产品包装的作用不容忽视。

依据包装在流通中的作用，分为销售包装和运输包装。销售包装是以产品零售单元为包装个体的包装形式，既有单个商品的，也有若干单个商品再组合的。其特点是包装件小、美观、新颖、卫生、安全以及便于使用和携带，除了具有保护产品的作用外，还具有宣传、美化和促进销售的功能。运输包装是用于安全运输、保护商品的较大单元的包装形式。运输包装的具体作用主要体现在以下几个方面。

1）盛载功能

盛载功能是包装的基本功能，是指所选择的包装材质和结构、造型适于产品的形态、性能和经济性要求，使包装具有适应盛载产品的特性。包装所盛载的产品在形态上分为固体、液体和气体，要根据货物的形态选择合适的包装类型。基本要求是包装材料能够与内装物相容，不得影响产品质量或使包装强度降低。

2）保护功能

产品在流通过程中，外力作用和环境因素都会对产品造成一定的影响，为了避免或减小这些影响，保证安全，要求包装还应具有保护功能。具体体现在以下几个方面：

（1）防止发生破损变形。

产品在流通过程中要承受各种振动、冲击、挤压、摩擦和重压等外力作用，所以包装要具有一定的强度和韧性，对内装产品起到一定的保护作用。

（2）防止发生物理化学变化。

通过包装的隔离作用，可以使产品免受水分、潮气、光线和空气等外来因素的影响，以免发生潮解、结块、腐烂、变质、锈蚀等变化。

（3）防止有害生物的影响。

包装具有阻隔老鼠、害虫和细菌等有害生物对内装产品产生破坏的作用。

（4）防止异物混入。

包装可以防止异物混入产品，以免造成污染。

（5）防止被盗。

3）便于流通

运输包装主要是为运输过程服务的。因此，一般都会结合运输方式和运输条件进行设计，其目的是为运输提供便利。具体体现在以下几个方面：

① 有利于提高运输工具的装载能力，减少运输难度，提高运输效率。

② 有利于采用机械化、自动化的装卸搬运机具，减轻劳动强度，加快装卸搬运速度。

③ 有利于在仓储作业中加快计数，方便交接验收，缩短接收、发放时间，提高效率，同时有利于货物的码放。

4）识别功能

货物运输包装外表面上的标志分为识别标志和储运图示标志，是以一定的图形、文字、数字、指定记号和说明事项来表示的，在运输过程中具有识别功能，以方便运输、装卸搬运、仓储、检验和交接等工作，保证货物运输安全。

（1）识别标志。

识别标志主要标示货物的名称、性质属性、生产国别、厂家、规格型号、数量、尺寸重量等。

（2）储运图示标志。

我国对于进入流通环节的商品，要求必须依照国家标准《包装储运图示标志》（GB/T 191—2008）清晰地在包装外表面上印刷储运图示标志，以便于在流通环节易于识别商品属性，采取适于货物特性要求的储运、装卸作业手段，减少或避免货损、货差，保证运输质量，降低运输成本，节约流通时间。

3. 货物运输包装的要求

为了保证运输质量与安全，货物运输包装必须满足以下要求：

（1）根据货物性质、形态结构和运输工具尺寸，选择合适的包装材料和尺寸大小，确保包装与货物相容，大小合适。

（2）由于货物在运输过程中，要经受振动、冲击、挤压和摩擦等外力作用，因此包装要求具有足够的强度，能保护货物完好无损。

（3）为了缓冲外力冲击，包装内要有适当的衬垫，且要求衬垫材料能够起到减振、防潮的作用，并且不会影响货物质量，尤其不能发生危险性反应。

（4）包装在经济上要合理，既不要过度包装，浪费资源，增加成本，也不能为节约成本，偷工减料，降低包装质量，影响货物运输安全和质量。

（5）包装应符合运输区域的流通条件。货物运输包装应符合流通区域的气候特点、装卸设备配置和储存场地等流通条件，否则会给货物正常运输和交接带来影响。例如：集装箱属于货物运输包装的一种，它的起吊搬运作业需要配备专门的设备。

（6）货物包装标志应该清楚、正确、完整、持久，符合国际货运的规定。

4. 货物运输包装材料的选择

货物运输包装材料是指用于制造包装容器、包装装潢、包装印刷、包装运输等满足货物包装要求所使用的材料，它既包括金属、塑料、玻璃、陶瓷、纸、天然纤维、化学纤维、复合材料等，还包括涂料、黏合剂、捆扎带等辅助材料。一般来说，包装材料应具备下列性能。

（1）一定的机械性能。

包装材料应能有效地保护内装货物，因此应具有一定的强度、刚度、韧性和弹性等，以适应运输过程压力、冲击、振动、摩擦等静态和动态作用力的影响。

（2）适当的阻隔性能。

根据货物性质对其包装的要求，货物包装材料应对水分、水蒸气、气体、光线、气味、热量等具有一定的阻隔作用。

（3）良好的安全性能。

对于像食品、饮料、医药等卫生性要求高的货物，除了要求包装材料本身的毒性要小，以免污染内装物和影响人体健康外，还要求包装材料无腐蚀性，并具有防虫、防蛀、防鼠、抑制微生物等性能，保护货物的安全。

（4）合适的加工性能。

包装材料应易于加工，易于制成各种包装容器；应易于包装作业的机械化、自动化，以适应大规模工业生产；应适于印刷，便于印刷包装标志。

（5）较好的经济性。

1.1.2 货物包装材料

包装材料应来源广泛，取材方便，成本低廉，使用后的包装材料和包装容器应易于处理，不污染环境。常见的包装材料如下。

1. 纸质材料

纸质包装材料的优点：具有一定的强度、韧性、耐冲击和耐摩擦性；密封性能好，容易做到清洁卫生；具有优良的成型性和折叠性，适合采用机械化、自动化的加工方法；与其他材料相比，其可印刷性能突出；价格较低，重量轻，可降低包装和运输成本；使用后可回收利用，对环境友好。

纸质包装材料的缺点：强度一般，气密性、防潮性、透明性差，不耐水，难封口等。目前多通过制作纸塑复合材料或在纸张上涂覆沥青等来改善其性能，扩大其使用范围。

目前货物运输包装纸质容器主要有瓦楞纸箱、纸盒、纸板桶和纸袋。其中使用量最大的为瓦楞纸箱，它是用瓦楞纸板制成的刚性纸质容器，除了保护商品、便于仓储、运输之外，还起到了美化商品，宣传商品的作用。半个多世纪以来，瓦楞纸箱凭借其优越的使用性能和良好的加工性能逐渐取代了木箱等运输包装容器，成为运输包装的主力军。目前，瓦楞纸箱正朝着标准化、功能专业化、轻量化和高抗压性等方向发展。

2. 金属材料

金属材料种类很多，主要有钢材、铝材和合金材料。包装用钢板包括薄钢板、镀锌薄铁板、马口铁；包装用铝材包括纯铝板、铝合金板和铝箔。金属包装材料的优点：具有良好的机械强度、牢固结实，耐冲击、不破碎，能有效地保护内装货物；密封性能优良，配合密封胶可以实现气密，阻隔性好，防潮、耐光照；具有良好的延展性，易于加工成型；表面易于涂饰装饰；易于回收利用，不污染环境。不足之处在于化学稳定性差，易锈蚀、腐蚀等。

金属材质的运输包装容器有钢桶、铝桶、铁塑复合桶、钢瓶、金属罐和集装箱等。主要用于装运对防泄漏、遮光、防潮、防水、密封性要求高的各类液体、气体或粉末状货物。

3. 塑料材料

塑料是20世纪才发展起来的新兴包装材料，其形式多样，品种各异，正逐步替代常规包装材料。各种塑料包装综合的优点：物理机械性能优良，具有一定的强度和弹性，耐折叠、耐摩擦、耐冲击、抗振动、抗压；阻隔性好，具有防潮、防水、气密等特性；化学稳定性好，有良好的耐酸，耐碱，耐化学药剂、耐腐蚀、耐光照等能力；密度小，属于轻质包装材料；加工成型容易，所需能耗低于钢铁等金属材料；具有优良的透明性，表面光泽好，印刷性能优良；可与纸、金属等传统包装材料制成复合材料以扩展其性能和应用范围。此外，塑料材料还具有易着色、绝缘性好等优点。其缺点：机械强度不如钢铁，化学稳定性不如玻璃，易老化，易产生静电，包装废弃物不能或不易自然降解，从而造成环境污染等问题。

塑料材质的包装容器有塑料桶、塑料瓶、塑料编织袋、覆膜塑料编织袋和塑料薄膜袋等，用于包装对防泄漏、遮光、防潮、防水、密封性要求高的各类液体、气体或粉末状货物。

4. 玻璃、陶瓷材料

玻璃和陶瓷均为硅酸盐类烧结材料，为传统包装材料之一。具有化学稳定性好，隔潮隔湿，不透气、无毒无害等优点。但也存在抗冲击强度低、碰撞时易破碎、自身质量大、运输成本高、耗能大等缺点，此外，温度急剧变化还容易引起炸裂。

5. 木　材

木材具有耐压、耐冲击、加工性能优良等优点，常制成木箱或木桶。木箱以其制作简单、强度高、就地取材、耐久性好、有一定的弹性、能承受冲击和振动、价格比较便宜等特点，在包装型式里具有举足轻重的作用。目前，木箱主要分为以下几种。

（1）滑木箱。

适用于大型机械、机电产品或重型设备的包装运输。

（2）花格箱。

适用于较大塑料件、布匹或汽车玻璃等货物的运输包装。

（3）围板箱。

适用于紧固件、金属球、冲压件等不规则货物的出口包装。

（4）胶合板箱。

适用于一般普通货物的包装运输，单箱装载总质量一般不超过 2 吨。

6. 编制品

编织品是指用天然纤维类、化学纤维类、金属丝线等材料编制而成的容器，通常制成袋状容器。共同点为质轻透气，具有一定的韧度。主要形式有塑料编织袋、麻袋、布袋、金属网袋等。可以用于粉末状、颗粒状、块状货物的运输包装。

7. 草、竹、柳、藤等天然包装材料

这类包装材料的共同特点是成本低廉，绿色环保，透气性好，一般制成各种筐、篓、袋，以及装载加固中常用的草支垫。

1.1.3　货物包装类型

包装和运输是物流过程中的两个重要环节，托运人必须根据货物类型、性质、质量、规格尺寸、运输种类、运输距离、气候条件和运输设备装载等情况，选择符合运输要求、保证货物安全和便于装卸搬运的运输包装。目前，进行铁路运输的各类货物适用的运输包装及要求如下。

1. 贵重、精密货物类

针对贵重品、精密仪器设备、易碎品、机械零件及散落、容易丢失的货物，使用木箱或其他硬质包装。包括：全木箱、木架箱、花格箱、胶合板箱、金属板箱和硬质塑料箱等。

2. 日用百货类

针对家用电器、日用百货、药品、烟酒、塑料制品等货物一般使用纸箱进行包装。纸箱的质量要求良好，其不但能够承受内装货物的重量，而且还能经受运输过程中的各种影响。装箱时应紧密堆装，不留空隙，以增强纸箱的抗压能力，外部用绳索或塑料打包带扎成“井”字形进行加固，绳索交叉处结死扣以进行固定。

3. 瓜果食品类

瓜果、蔬菜、苗木、蛋禽类以及零散小件货物等，一般使用筐、笼、篓、桶、箱和袋等进行包装。要求包装必须结构牢固，具有一定强度，盖口要用铁丝拧紧，必要时外部用绳索或塑料打包带扎成“米”字形进行加固。

4. 种子、印刷品及纺织类货物

种子、颗粒状的货物使用袋或桶包装；布匹、毛线、纺织品、棉花等不怕挤压的货物，可以使用包（布包、化纤布包或纸包）或袋（麻袋、布袋、化纤编织袋）包装，但同时还要做好防水防潮工作。

5. 组合成件类货物

自行车、家具、运动器材、测量工具等组合成件类货物，需先使用麻片、布片、塑料编织袋等将各部件包裹完好，再使用绳索进行捆绑包装。捆绑要结实、牢固，在运输全过程中不至于松散脱落。易于损坏、脱落的部件要特别注意保护，必要时可以拆卸下来单独包裹，再捆扎固定在主件上一起运输。

6. 液体流质货物

液体类、流质类、乳状、粉状等货物用桶（金属桶、塑料桶、木桶或 IBC 吨桶）包装。对于用于包装的桶，要求其结构坚固，具有一定的强度，密封性好，不渗漏。

7. 集合包装

集合包装是 20 世纪 50 年代发展起来的新型包装形式，是现代运输包装发展的新方向，在现代物流领域具有十分重要的地位。所谓集合包装，是指将一定数量的产品或包装件组合在一起，形成一个合适的运输单元，以便于装卸、储存和运输。集合包装可以采用机械化操作，以加快装卸速度，加速车辆周转，减轻劳动强度，降低运输成本，节省运输杂费，而且能加强对内装物的保护，并促进包装的标准化。集合包装的种类很多，主要有托盘、集装箱、集装罐、集装袋和集装笼等，其中被使用最多的是集装箱、集装袋和托盘。

集合包装的主要作用如下。

1）装卸迅速，加快运输工具的周转

集合包装货物在运输过程中，无论其经过多少种运输工具，装卸过多少次，都是整体搬运，无需搬动内装物。因此可以采用机械化作业，大大缩短货物的装卸时间，加快运输工具的周转。

2）提高物流效率和服务效率

集合包装能够从发货单位直接运到收货单位，减少装卸环节，提高物流效率，利于实现“门到门”的服务，提高服务质量和水平。

3）有利于装卸搬运机械化，提高劳动生产率

将零散小包装货物集合成较大的包装单元，在装卸搬运时均可采用机械化操作，提高劳动生产率，减轻劳动强度，节省劳动力。如用集装箱装卸的劳动生产率，与用人工装卸常规货物相比要提高 15 倍以上。

4）确保货物在物流过程中的安全

集合包装将零散货物或包装件组合在一起，均有起吊装卸装置，坚固牢靠，包装紧密，在储运、装卸搬运中无需拆箱、拆包，便能让货物得到有效保护，减少货损货差和丢失事故的发生。

5）节省包装材料和费用。

按常规包装，为保护货物，势必要消耗大量的包装材料。采用可反复周转使用的集合包装，可降低原外包装用料标准，有的甚至可不用外包装，节省了货物包装材料和费用。

6）提高利用率

由于货物单件包装简化或去除，缩小了包装件体积，单位容积容纳的货件数量增多，提高了仓库、运输工具的容积利用率。如用集装箱装载可比原来提高容积利用率 30%～50%。

7）促进包装标准化。

为了便于国际联运，集合包装往往有规定好的尺寸标准。因此，单件货物包装的尺寸必须与集合包装容器的尺寸匹配，否则会留下空位，造成空间浪费，从而促进了货物包装的标准化。

8）降低存储费用。

集合包装单件容纳货物多，密封性能好，受环境气候影响小，甚至可以露天存放较长时间。因此，企业可以将其作为存储容器，节省了仓库容积，降低了存储费用。如 IBC 吨桶，它由高分子量高密度聚乙烯吹塑成型的内容器和金属外框架组合而成，单桶可装 1 t 以上的液体货物。

1.1.4 货物包装技法

货物包装技法是指在进行货物包装操作时所使用的技术和方法，它是根据货物的特性和运输、搬运和储存条件的要求来制定的，其目的是保护货物，以免发生货物质量和安全方面的事故。常见的包装技法包括：收缩包装、缓冲包装、防潮包装、防锈包装、无菌包装、防霉包装以及其他特种包装。

1. 收缩包装

收缩包装是以收缩薄膜为包装材料，包裹住货物然后通过加热使薄膜自动收缩，紧紧地包裹住货物的一种包装方法。收缩薄膜经过拉伸和快速冷冻处理，保留了收缩应力，包裹上货物后通过对其加热，收缩应力会使薄膜收缩，从而紧紧地包裹住货物。由于是透明塑料材质，因此收缩包装具有透明、紧凑、均匀、稳固的特点。同时还具有较好的防潮、防尘、防污染的效果。收缩包装适用于食品、日用工业品和纺织品的包装，特别是形态不规则的货物，或者外包装为纸质，表面需要防水、防潮的货件（见图 1-1-1）。

图 1-1-1　收缩包装

2. 缓冲包装

缓冲包装的使用是为了减缓货物在运输、搬运过程中受到的冲击和振动，确保货物外形和功能完好而设计的具有缓冲功能的包装。缓冲包装一般有三层结构，内层为货物，中间层为缓冲材料，外层为包装箱。缓冲材料一般为柔软或者有弹性的材料，能很好地吸收外来冲击传入的能量，起到保护货物的作用。缓冲包装根据货物特性和运输装卸条件，分为全面缓冲包装、部分缓冲包装和悬浮式包装。全面缓冲包装是货物与包装之间填满缓冲材料，对内装货物所有部位进行缓冲保护，这种缓冲方法主要针对比较易碎、形态不规则的货物，如玻璃瓶装货物。部分缓冲是指在货物的局部或边角上施加缓冲材料进行保护，这种包装适合于整体性较好，能够承受较大加速度冲击的货物（如家电包装），具有节省材料，包装成本低的特点。悬浮式包装一般是使用弹簧（目前也会使用弹性较好的 PE 薄膜）为缓冲材料，将货物悬挂在坚固的外包装容器中央，通过弹簧（薄膜）的缓冲作用来保护货物。这种包装主要针对允许加速度小的易碎或贵重货物，如一些高敏感度的仪器、军品等货物（见图 1-1-2）。

（a）全面缓冲　　（b）部分缓冲　　（c）悬浮式包装

图 1-1-2　缓冲包装

3. 防潮包装

防潮包装是采用具有一定隔绝水汽能力的材料，制成密封容器，以阻隔水汽对内装货物的影响。在防潮材料中，玻璃和金属材料的防潮效果最好，塑料次之，纸板、木板最差。常见的防潮包装技法有多层密封、容器抽真空、充入干燥的气体及加入干燥剂等。

4. 防锈包装

防锈包装是为了防止潮湿空气或雨、雪水进入包装容器而使金属货件生锈的包装技法。在金属货物表面涂覆防锈材料，如油漆、防锈油、防锈脂、防锈蜡等，或者使用防水蜡纸进行包裹后再放入内包装。同时还可以在包装容器内放入适量干燥剂，以吸收在进行包装操作时残留在内的空气中的水分，使其相对湿度降低，以达到防锈的目的。

5. 无菌包装

无菌包装是主要针对食品、药品的包装，是在罐头包装基础上发展而成的一种新技术。采取的方式是将食品和容器分别杀菌并冷却，然后在无菌的环境中进行包装和密封。其特点是能够较好地保存食品原有的营养价值以及色香味和组织状态，其优点是灭菌所耗能量比罐头少，冷却后包装可以使用不耐热、不耐压的容器，如塑料瓶、纸板盒等，成本低，质量轻，使用方便。

6. 防霉包装

防霉包装是为了防止因霉菌侵入而引起货物发霉，影响质量，而采取一定防护措施的包装方法。常用的有耐低温包装、防潮包装和高密封容器包装：耐低温包装能够保证货物在低温下较长时间保存，以低温状态抑制霉菌的生长，达到防止长霉变质的目的；防潮包装既可以阻止容器内水分的增加，也可以抑制微生物的生长和繁殖；高密封容器可以进行抽真空处理，减少内部氧气含量，从而抑制微生物的生长，也可以达到防霉的效果。

7. 真空和充气包装

真空包装是将货物装入密封包装容器内，然后抽去内部空气，使包装容器内达到一定真空度的包装方法。这种包装主要用于熟食肉制品的包装，通过排除空气中的氧气和水汽，从而抑制微生物的生长繁殖，达到防腐的效果。对于一些轻纺工业品，抽真空还能缩小体积，减少流通费用，同时还能阻止虫蛀和霉变。

充气包装是在真空包装的基础上发展起来的，它将货物装入气密性好的容器内，先抽真空，然后注入氮气、氩气或二氧化碳等惰性气体，实现对容器内原有气体进行置换的一种包装方式。充气包装主要用于内装货物对空气中的氧气、水汽敏感的情况（如：食品、海绵钛、罐装黄磷等）。这种包装既可以避免货物因空气发生变质或产生危险性反应，还可以保持一定的正压力，避免包装容器被空气压力压瘪。

1.2 货物运输包装检测

货物运输包装的主要功能是在货物流通过程中保护货物，方便装卸、搬运和交接点验。因此，为了保证货物运输包装的上述功能，其质量必须符合要求。

1.2.1 货物运输包装质量要求

货物运输包装的质量要求包括：

（1）根据货物的性质及结构形态，选择合适的包装材料和包装尺寸，确保包装和内装货物相容，相互间不发生影响货物质量或降低包装材料性能的反应。包装的尺寸大小和容量要适合货物在当地流通的条件。

（2）包装要有足够的强度，使其能够经受运输过程中正常的振动、挤压、冲击和摩擦，保护内装物完好无损。

（3）根据货物性质，货物运输包装的封口要达到严密、液密或气密封口的要求。

（4）货物运输包装的标志要清楚、正确、完整，不容易脱落和掉色。

（5）货物运输包装的材质、结构、尺寸、外观要分别要达到相关标准的要求。

（6）包装内要有适当的衬垫，以减缓外力冲击，避免摩擦受损，而且根据货物性质，有的还需要有防潮防水功能，同时衬垫物不能跟货物发生反应。

1.2.2 货物运输包装检测方法

货物运输包装检测是评定包装产品和包装件在生产和流通过程中的质量指标的一种手段，其包含包装测量和包装试验两方面的内容。包装测量是将被测的量值和具有计算单位的标准量值进行比较，从而确定包装是否合格的过程，包括包装容器尺寸、大小、容积、材质厚度、镀层厚度等；包装试验是对包装产品给予规定的环境与负载，测量包装产品某些物理、化学变化，或模拟运输环境，试验其动、静态性能。

1. 检测依据

（1）法律、法规强制性的标准或其他必须执行的检验标准。

（2）法律、法规未有强制性标准或其他必须执行的检验标准的，可按贸易双方的合同约定的标准检验。

（3）上述两点皆无的，可按照生产国标准、有关国际标准或者国家检验检疫机构指定的标准检测；对于尚无适合的检测标准的，可选择经双方认可的企业内部标准进行检测。

2. 检测类型

（1）根据包装检测试验项目分。

① 单项试验：评价包装在某一特指条件下保护货物的能力。

② 多项试验：检验货物承受多种外部负荷的能力。

③ 综合试验：使两种或两种以上的负荷同时作用于包装，以检验其综合防护能力。

（2）根据检测数量占比分。

① 全数检测。

全数检验是指根据质量标准对送交检验的全部产品逐件进行检测，从而判断每一件产品是否合格的检验方法，又称全面检验、普遍检验。全数检验一般应用于重要的、关键的和贵重的包装产品，而且批量小，检验为非破坏性的情况。

② 抽样检测。

抽样检测是从一批包装产品中随机抽取少量样本进行检测，据以判断该批产品是否合格的统计方法和理论。它与全数检验的不同之处在于后者需对整批产品逐个进行检验，把其中的不合格品拣出来，而抽样检验则根据样本中的产品的检验结果来推断整批产品的质量。所以，经过抽样检验认为合格的一批产品中，还可能含有一些不合格产品。这种方法主要用于检测过程会对包装产品造成破坏，或全数检测工作量太大的情况。

（3）根据检测对包装样品的效果分。

① 非破坏性检测。

非破坏性检测又称无损检测，是指检测时包装产品不受到破坏，或虽然有损耗，但对产品质量不产生实质性影响的检测。如：包装的规格尺寸检测、钢桶的镀锌层厚度检测、外观质量检测等。

② 破坏性检测。

破坏性检测是指只有将受检测包装样品破坏后才能进行检测，或者在检测过程中受检测包装样品被破坏或消耗的检测。破坏性检测后，受检包装的完整性遭到破坏，不再具有原来的使用功能。寿命试验、强度试验、包装材料力学实验等往往都是破坏性检测。

（4）按照检测地点分。

① 随车检测。

随车检测是将待测包装件置于车辆上，按既定的装载量、堆装方式、行车速度和气候条件运行一段距离，检查运输包装对于内装物的保护情况。随车检测的特点是操作简单，试验结果直观，但费用大，时间长，条件难控制，针对破损原因很难进行定量分析。

② 实验室模拟检测。

实验室模拟检测在实验室内模拟完成，考核运输包装的防护性能。特点是费用少，时间短，条件易于控制，重现性好，但投资大，对技术要求较高。

3. 检测内容

根据货物运输包装类型和材质，选择不同的检测项目。例如：

（1）纸质包装容器（以瓦楞纸箱为例）。

瓦楞纸板强度：原纸破裂强度和瓦楞纸板的冲击强度、平面压缩强度、垂直压缩强度和粘结强度。

瓦楞纸箱强度：检测静态强度，包括静态压缩强度、封口强度；动态强度，包括振动、冲击、翻滚、跌落和局部冲击。

（2）塑料包装容器。

力学性能：包括静态力学性能和动态力学性能。静态力学性能包括应力-应变力学性能（包括：拉伸、压缩、剪切和弯曲力学性能）弹性模量、蠕变和应力松弛、持久强度；动态性能主要为冲击强度。

阻隔性能：透气性、透湿性、阻光性。

耐受性能：耐油性、耐药性、耐候性、耐热性、耐寒性。

（3）金属容器。

机械性能：跌落强度、耐压缩强度、耐内压强度、耐破力强度、冲击强度、爆破强度和抗变形能力。

化学性能：耐锈蚀能力、耐化学药品侵蚀能力。

密封性能：气密性试验、封口密封性试验、泄漏试验。

表面质量：涂层附着力、漆膜附着力和涂层光泽度。

（4）柔性包装容器。

机械强度：落下强度检测、耐压强度检测、缝合强度检测、悬吊强度检测。

密封性能：热封强度检测、渗流检测、水蒸气透过性能检测。

环境条件：耐水浸时间检测和蒸发残值检测。

由于需要检测的项目很多，对一具体的包装件，并不要求进行全部的试验，一般可选择其中的若干项，并按特定的顺序进行组合。选择依据包括：内装货物的特性、流通特性和试验特性。

每项检测试验具体的方法和判定标准均有相关标准和规定。

1.3 货物运输包装标志

货物在物流过程中，需要经过多环节、多层次的运输和中转才能运达目的地。为减少运转差错，加速货物送达，作业人员需要识别货物的名称、规格、型号、数目、重量、尺寸、储运注意事项等信息，而这些都是通过货物运输包装标志来实现的。因此，货物运输包装标志是指按规定在包装上印刷、粘贴、标记或书写的文字、字母、数字或图形等特定记号和说明事项等。货物标志可分为收发货标志、包装储运图示标志和危险货物包装标志。

1.3.1 收发货标志

有的货物商品包装就是运输包装，如：家用电器、机电设备和一些小件商品集合包装等。它的收发货标志是指外包装件上的商品分类图示标志及其他标志和文字说明排列格式的总和。运输包装的收发货标志是为了在物流过程中收发货、入库以及装车配车时辨认货物使用，它也是发货单据，运输保险文件，以及贸易合同中有关标志事项的基本部分。

1.3.2 包装储运图示标志

包装储运图示标志又称为指示标志，是根据不同货物对物流环境的适应能力，用醒目、简明的文字和图形标明在装卸运输和储存过程中应注意的问题。其目的是在货物运输、装卸和储存过程中，引起从业人员的注意，使他们按图示标志的要求进行操作，避免因操作不当对货物造成损坏。我国颁布和施行了《包装储运图示标志》（GB /T 191—2008）的国家标准，其部分图示标志如图 1-3-1 所示。其中“重心”“由此吊起”和“由此夹起”应标示在货物外包装的实际位置上。标志外框为长方形，其中图形符号外框为正方形，尺寸一般分为 4 种，如表 1-3-1 所示。如果包装尺寸过大或过小，可等比例放大或缩小。

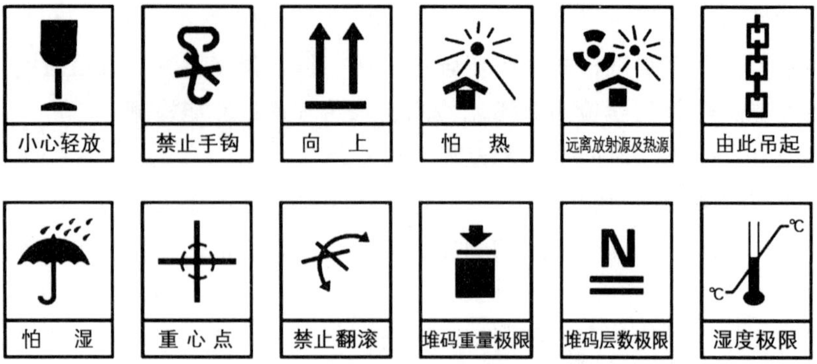

图 1-3-1 储运标志名称和图形

表 1-3-1 包装储运标志尺寸 单位：mm

序号	图形符号外框尺寸	标志外框尺寸
1	50×50	50×70
2	100×100	100×140
3	150×150	150×210
4	200×200	200×280

1.3.3 危险货物包装标志

《危险货物包装标志》(GB 190—2009）有 4 个标记和 26 个标签，分别标示了 9 类危险货物的主要特性，以警示作业人员，并根据各类危险货物的特性采取相应的防护措施，保证人身、财产和货物安全。

1.4 货物运输包装方案

货物运输包装方案的制定需要考虑多方面的因素。如：货物特性、结构尺寸、自然环境、运输方式、运输里程、流通条件、装卸作业方式、倒装次数和堆码层数等。通过选择合适的包装材料，设计包装的形状、结构、规格、尺寸和包装技法，然后生产出包装样品，送专业检测机构进行质量检测，合格后则可以用于运输试验，并在试验中不断进行改进和优化，最后才能定型成为正式运输包装方案。需要明确的是，货物的运输包装方案并非一成不变的，有时候为了使用新型包装材料，节约物流成本，对某些运输过程简单，里程较短的货物，可以在原有运输包装的基础上进行改进，设计和制作新型运输包装，但仍需要进行质量检测，并在实际运输过程中不断进行完善。一般来说，一个完整的货物运输包装方案应包含货物内包装和外包装两个部分，两者相互配合，从而尽量避免货物在运输过程中因受到各种外力或自然因素的影响而被损坏。

1.4.1 货物运输包装方案要求

为了保证货物运输的质量，货物运输包装方案必须遵守“坚固、经济、适用、可行”的原则，具体要求如下：

（1）根据货物特性以及形态结构，选择合适的包装材料、包装形式、包装尺寸和包装技法，确保彼此不会影响质量，结构尺寸合适。

（2）包装要在全程物流过程中，充分保护货物，以免在正常的运输过程中因各种自然因素和在外力影响下遭到损坏。

（3）包装要在经济上合理。不能盲目追求高技术和高级材料，即过度包装；也不能为了节约成本简化包装，或者使用质量不合格的包装产品，起不到保护内装货物的作用，即过弱包装。包装要在满足保护货物和方便流通的前提下，尽量使用经济合理的材料，同时减少包装的重量。

（4）货物运输包装方案应充分考虑单元化和集装化的原则，以便于实现机械化、自动化作业以及多式联运，提高作业效率，降低运输成本。

（5）货物运输包装应符合当地的流通条件。尤其是大型、重型或特型包装，如果在装卸地点没有能力相当的装卸设备，就会给货物装卸、搬运工作带来困难。

（6）货物运输包装要便于开启和封闭，方便作业和应急处置。

（7）货物运输包装应该有清晰、准确、完整，不易脱落或掉色的包装标志，外贸货物还应该符合国际货物运输的有关规定。

1.4.2 货物运输包装管理

（1）货物运输包装必须经国家质量监督部门检验合格，并获得包装产品合格证，方可使用。

（2）承运人在办理货物运输时，应查验包装合格证，并核查托运人交付运输的货物包装规定、形式和批号是否与合格证一致。

（3）承运人应对送上站的货物包装进行检查，破损或其他影响运输安全的包装件禁止装运。

（4）铁路危险货物运输包装除钢瓶和集合包装外，其他包装必须使用新包装。

（5）集合包装可反复多次使用，但必须依照有关规定进行检验，并标打包装合格有效期。

（6）企业应采取相应措施，严把运输包装质量关，确保货物运输安全。

（7）鼓励企业使用现代化手段，如物联网、卫星定位、无线识别技术或其他信息化技术对货物运输包装进行管理，以方便管理方快速、准确地获得货物运输包装的有关信息，为管理决策提供基础信息和依据。

复习思考题

1. 常见的包装材料都有哪些？它们各自有什么特点？

2. 集合包装有何作用？

3. 常见的货物包装技法有哪些？

4. 货物运输包装有何作用？

5. 货物运输包装质量有哪些要求？

6. 货物运输包装检测类型有哪些？

7. 试举例说明货物运输包装检测内容有哪些？

8. 为何塑料材质的包装需要在冷冻处理后再做跌落试验？为何做堆码试验时需要在一定的高温下进行？

9. 简述货物运输包装方案是如何确定的。

第 2 章　危险货物运输

2.1　危险货物运输基础知识

2.1.1　危险货物概述

在铁路运输中，凡具有爆炸、易燃、毒害、感染、腐蚀、放射性等危险特性，在运输、装卸、储存和保管过程中，容易造成人身伤亡、财产损毁或环境污染而需要特别防护的货物，均属危险货物。

我国铁路运输危险货物达到近 2 亿吨，约占全路货运总量的 10%，《铁路危险货物品名表》中也列载了 1 万余个危险货物品名。随着我国经济的不断发展和新型材料的出现，铁路运输的危险品新品名不断涌现。因此，为了保证铁路货运安全，必须采用危险货物分类鉴别标准实验方法对托运人提交运输的货物进行危险性鉴别，并依据鉴定结果制定相应的安全运输条件。

目前我国铁路危险货物类、项基本是按照联合国《关于危险货物运输的建议书·规章范本》、国家标准《危险货物分类和品名编号》（GB 6944）和《危险货物品名表》（GB 12268）所确定的类项，并结合铁路运输实际情况进行划分的。货物危险性分类鉴别是依据联合国《关于危险货物运输的建议书·实验和标准手册》以及有关国家标准方法进行。铁路危险货物按其主要危险性划分为 9 类 24 项。其类项的划分如表 2-1-1 所示。

表 2-1-1　危险货物类别和项别

类别	类的名称	项别	项的名称	备注
第 1 类	爆炸品	第 1.1 项	具有整体爆炸危险的物质和物品	
		第 1.2 项	具有迸射危险，但没有整体爆炸危险的物质或物品	
		第 1.3 项	具有燃烧危险、局部爆炸或局部迸射危险，或兼有两种危险，但无整体爆炸危险的物质或物品	
		第 1.4 项	无重大危险的物质或物品	
		第 1.5 项	有整体爆炸的危险但极不敏感的物质	
		第 1.6 项	无整体爆炸危险的极不敏感物品	

续表

类别	类的名称	项别	项的名称	备注
第 2 类	气体	第 2.1 项	易燃气体	
		第 2.2 项	非易燃无毒气体	
		第 2.3 项	毒性气体	
第 3 类	易燃液体	第 3.1 项	一级易燃液体	
		第 3.2 项	二级易燃液体	
第 4 类	类易燃固体、易于自燃物质和遇水放出易燃气体的物质	第 4.1 项	易燃固体	
		第 4.2 项	易于自燃物质	
		第 4.3 项	遇水放出易燃气体的物质	
第 5 类	氧化性物质和有机过氧化物	第 5.1 项	氧化性物质	
		第 5.2 项	有机过氧化物	
第 6 类	毒性物质和感染性物质	第 6.1 项	毒性物质	
		第 6.2 项	感染性物质	
第 7 类	放射性物质	—	—	不分项
第 8 类	腐蚀性物质	第 8.1 项	酸性腐蚀性物质	
		第 8.2 项	碱性腐蚀性物质	
		第 8.3 项	其他腐蚀性物质	
第 9 类	杂项危险性物质或物品	第 9.1 项	危害环境的物质	
		第 9.2 项	高温物质	
		第 9.3 项	经过基因修改的微生物或组织，不属感染性物质，但可以非正常地天然繁殖结果的方式改变动植物或微生物	

不属于上述 9 类危险货物，在铁路运输过程中易引起燃烧，需采取防火措施的货物，属易燃普通货物（见《铁路危险货物运输管理规则》附件 1《易燃普通货物品名表》）。为叙述方便，后文把《铁路危险货物运输管理规则》简称《危规》。铁路危险货物除划分类、项之外，有些类、项的货物还按货物危险性程度，划分级别，即将危险性较大的货物划分为一级危险货物，而危险性相对较小的货物划分为二级危险货物，如：一级易燃液体和二级易燃液体、一级易燃固体和二级易燃固体等。

当一种危险货物有一种以上的危险性时，必须按照其主要危险性来确定类项。但第 1 类物质和物品、第 2 类气体、第 3 类液态退敏爆炸品、第 4.1 项自反应物质和固态退敏爆炸品、4.2 项发火物质、5.2 项物质、具有Ⅰ类包装吸入毒性的 6.1 项物质（符合第 8 类标准并且粉尘和烟雾吸入毒性 LC_{50} 在Ⅰ类包装范围内、但口服或皮肤接触毒性只在Ⅲ类包装范围内或更小的物质或制剂除外，这类物质或制剂必须划入第 8 类）、6.2 项物质及第 7 类物质的危险性具有优先性。

危险货物不仅品种多，而且由于种种原因，许多危险货物还有多个名称。为了使我国危险货物命名规范化，制定了国家标准《危险货物命名原则》，将一种危险货物规定了一个正式名称，其他名称皆列为别名，此外还规定了危险货物品名的附加条件，使得危险货物的品名更加合理。例如：氢氧化钠又名烧碱、火碱、苛性钠，氢氧化钠为标准品名，其余全为别名。

为了管理方便，还将危险货物进行了编号。铁路危险货物采用的是铁路危险货物品名编号（简称“铁危编号”，见《铁路危险货物品名表》。每一危险货物对应一个铁危编号，表后有对应的联合国及国标编号，对性质基本相同，运输、存储条件和灭火、急救、处置方法相同的危险货物，也可以归为一类，并使用同一编号。

铁路危险货物品名表的每一个编号由 5 位数字及英文大写字母组成，表明危险货物所属的类别、项别和顺序号，编写方法如图 2-1-1 所示。

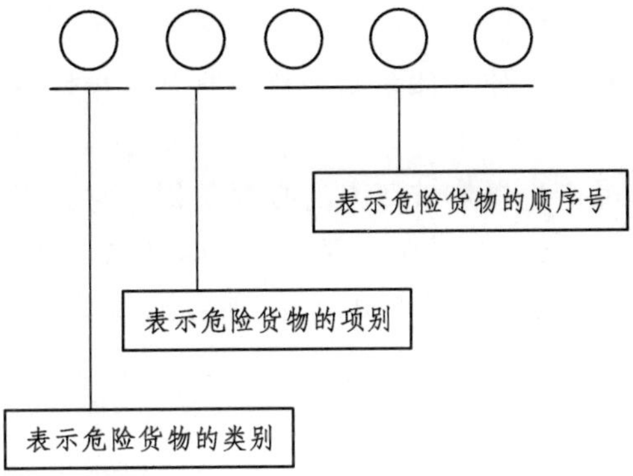

图 2-1-1　铁危编号编写方法

铁路危险货物的编号与分级：

（1）品名表中 4.1 项、4.2 项、4.3 项，5.1 项、6.1 项、8.1 项、8.2 项、8.3 项均有一级、二级之分，显然一级的危险程度比二级大。它们可以通过顺序号加以区别，顺序号小于 500（001 ~ 499）的为一级危险货物，顺序号大于 500（501 ~ 999）的为二级危险货物。注意：易燃液体是通过分项（3.1 项和 3.2 项）来区分一级和二级易燃危险品。

（2）铁危编号后的英文大写字母（如：A、B、C……）表示同一品名编号具有不同运输条件的危险货物。例如：82001A 氢氧化钠【固态】、82001B 氢氧化钠溶液。

（3）货物的危险程度还可以从包装类别上加以区别。除第 1 类、第 2 类、第 7 类、5.2 项、6.2 项和 4.1 项自反应物质外，危险货物按其危险程度划分为三个包装类别：Ⅰ类（高度危险物质）、Ⅱ类（中等危险物质）和Ⅲ类（较小危险物质）包装。

2.1.2　危险货物的分类和特性

1. 爆炸品

爆炸品系指受到高热、摩擦、撞击、振动或其他外界作用，能够发生剧烈化学反应，瞬间产生大量气体和热量，形成巨大压力，发生爆炸，对周围环境造成破坏的物质和物品。

本类物质包括爆炸性物质、爆炸性物品以及为产生爆炸或烟火实际效果而制造的爆炸性物质和物品中未提及的物质和物品。但对于过分敏感或反应性很强以致可能产生自发反应的爆炸性物质应禁止运输。根据爆炸时发生的变化性质，爆炸可分为：物理爆炸、化学爆炸和核爆炸。在运输中的危险货物第 1 类爆炸品专指易发生化学爆炸的危险货物。

1）爆炸品的基本特性

由于爆炸是瞬间进行，并放出巨大的能量，能使周围环境温度急剧升高，气体迅速膨胀，产生高压气浪，形成冲击波，摧毁环境，引起可燃物燃烧，因此爆炸具有很大的破坏作用。

爆炸品发生爆炸的三个必要条件是：

（1）反应放热。

爆炸反应放出大量热量，使气体急剧受热膨胀是发生爆炸变化的必要条件。

（2）反应快速。

反应快速也是爆炸品产生爆炸破坏力的必要条件，它是爆炸反应区别于其他化学反应的重要特征。例如：1 kg 无烟煤在空气中燃烧时能放出 2 299 kcal 的热量，而 1 kg 硝化甘油发生爆炸时放出的热量为 1 500 kcal，前者因为反应较慢，只能形成燃烧；而后者却可以在瞬间完成，发生爆炸。

（3）生成气体。

爆炸对周围环境的破坏力是通过高温高压气体迅速膨胀来实现的，因此在爆炸反应中生成大量气体也是爆炸品发生爆炸的一个重要条件。

2）爆炸品的分项

爆炸品分为 6 项：

第 1.1 项：有整体爆炸危险的物质和物品。

第 1.2 项：有迸射危险，但无整体爆炸危险的物质和物品。

第 1.3 项：有燃烧危险并有局部爆炸危险或局部迸射危险，或同时具有这两种危险，但无整体爆炸危险的物质和物品。

第 1.4 项：不呈现重大危险的物质和物品。

第 1.5 项：有整体爆炸危险的非常不敏感物质。

第 1.6 项：无整体爆炸危险的极端不敏感物品。

3）爆炸品的衡量标准

通常爆炸品是以敏感度、爆发点及爆轰速度等量值来确定其爆炸性能的。

（1）敏感度。

敏感度（又称感度）是指爆炸品在外界能量的作用下，发生爆炸的难易程度。能量形式可以是热能、电能或者机械能，引起爆炸品发生爆炸的能量称为起爆能，起爆能越小，则表示其敏感度越高，危险性越大。不同爆炸品对不同形式的起爆能的感受程度是不同的。如：TNT 对火焰的敏感度较小，但如果用雷管对其进行引爆立即爆炸。《危规》品名表中将很多爆炸品的感受程度特别列出，如“遇火焰或火花能引起爆炸”“对机械作业很敏感”“撞击或加热或触及金属可发生爆炸”等。所以，运输作业人员应了解各种爆炸品的不同敏感度以便掌握其各自规律，认真对待。如：TNT 在缓慢加压的情况下，可以经受几吨的压力也不爆炸，但在瞬间撞击情况下，即使冲击力很小，也会引起爆炸。这就是爆炸品在运输装卸作业中不能摔碰、撞击和摩擦的原因。

根据外界作用的不同，爆炸品的感度可分为撞击感度、摩擦感度、热敏感度和爆轰感度等。

（2）撞击感度。

撞击感度是指爆炸品在机械撞击外力作用下的敏感程度，目前通过立式落锤试验仪来测定最低撞击能，即以一定重量落锤，通过控制落锤高度调节撞击能（计算方法如式 2-3-1 所示。）

$$E \approx M \times g \times H \qquad \text{（式 2-3-1）}$$

式中：E 为撞击能，单位为焦耳（J）；M 为落锤质量，单位为千克（kg）；g 为重力加速度，单位为牛每千克（N/kg，取值 10 N/kg）；H 为落锤高度，单位为米（m）。

如果在 6 次试验中至少出现 1 次“爆炸”的最低撞击能是 2 J 或更低，则该物质太危险不能以其进行实验时的形式运输。

在运输和储存过程中，爆炸品可能受到各种冲击等，撞击敏感度高的爆炸品就可能引起爆炸。所以，撞击感度是爆炸品安全运输和分类的重要指标之一。炸药的纯净度对其撞击感度有很大的影响。当炸药内混入坚硬物质，如玻璃、铁屑、砂石等时，则其撞击感度增加，危险性增大。因此，在运输装卸过程中，严禁混入坚硬杂物，车厢货舱应保持干净，炸药撒漏物不能再装入原包装内。

（3）摩擦敏感度。

摩擦敏感度是指爆炸品对摩擦力刺激的敏感度。目前是采用摩擦感度试验仪来测定最小荷重。即将样品放置在带海绵纹的瓷板与瓷棒之间，并在瓷棒上施加一定的荷重，如果在 6 次试验中出现 1 次“爆炸”的最低摩擦荷重小于 80 N（8.0 kg 力），则表明该物质太危险不能以其进行试验时的形式运输。

（4）热敏感度。

热敏感度是指爆炸品对热引起爆炸的敏感度。目前是采用热敏感度试验仪来测定样品 5 s 延滞期下的爆发点温度。延滞期是指从开始对爆炸品加热到发生爆炸所需要的时间。由于加热速度不一样，同一爆炸品因延滞期不同其爆发点也不同。延滞期越短，爆发点越高；延滞期越长，爆发点越低。对不同的爆炸品来说，延滞期越短，爆发点越低，则表示物质的热敏感度越高。通过对 80 余种爆炸物质的测定，在 5 s 延滞期爆发点在 350 °C 以下的占 94%。可见在运输中，可以把爆发点低于 350 °C（延滞期 5 s）作为衡量爆炸品的一个参数。

（5）爆轰感度。

爆轰感度是指爆炸品对起爆药爆炸产生的爆轰波能量的敏感程度。通常以“极限起爆药量”来表示。极限起爆药量是指起爆药爆炸时，能引起所试验的爆炸性物质安全爆轰所需要的最少起爆药量（g）。

4）运输中常见的该类货物

① 雷汞（含水或水加乙醇≥20%，铁危编号：11025）。

② 起爆引信（铁危编号：12006）。

③ 硝化纤维素（湿的，含乙醇≥25%，铁危编号：13014）。

④ 烟花（铁危编号：14055）。

⑤ 铵油炸药（铁危编号：15003）。

2. 气　体

1）定义

气体是物质的一种状态，它是指：在 50 °C 时，其蒸气压力大于 300 kPa；或在标准大气压 101.3 kPa 时，完全处于气态的物质。本类物质包括压缩气体，液化气体，溶解气体，冷冻液化气体，一种或多种气体与其他种类的一种或多种物质的蒸气的混合物，以及充注了气体的物品和烟雾剂。

气体在运输中的主要状态有：

（1）压缩气体——气体在压力包装运载时，处于 – 50 °C 时，完全呈气态，包括临界温度低于或等于 – 50 °C 的所有气体。

（2）液化气体——气体在压力包装运载时，但温度高于 – 50 °C，部分呈气态。其特性可分为高压液化气体，即临界温度为 – 50 °C ~ 65 °C 的气体，低压液化气体，即临界温度在 65 °C 以上的气体。

（3）冷冻液化气体——当包装载运时，由于温度低而部分气体处于液态。

（4）压缩溶解气体——在压力下包装载运时，溶解在液相溶剂中的气体。

2）分项

根据气体的主要危险性，将第 2 类气体分为 3 项。

1）第 2.1 项 易燃气体

该气体在温度 20 °C、标准压力 101.325 kPa 时：

① 在与空气混合中所占体积为 13%或更低时可点燃；

② 不管最低燃烧极限是多少，与混合形成的燃烧范围至少有 12 个百分点。

2）第 2.2 项 非易燃、无毒气体

该气体在 20 °C 时，压力不低于 280 kPa，或作为冷冻液体运输的气体，该气体具有：

① 窒息性——在空气中，该气体会冲淡或替代空气，使氧气浓度降低，造成人员窒息；

② 氧化性——该气体通常以提供氧气或具有氧化性的气体的方式，支持燃烧，造成或导致物质燃烧；

③ 在其他类别里没有列入的气体物质。

3）第 2.3 项 有毒气体

指被认为对人类有毒，以至于危害健康；或被推定对人类有毒，通过试验得出气体的半数致死浓度（LC_{50}）值相当于或低于 5 000 mg/m^3（ppm）。

具有多种危险性的气体或气体混合物，其危险性排序原则是：

① 第 2.3 项优先于其他所有类别；

② 第 2.1 项优先于第 2.2 项。

3）特性

（1）扩散性。

气体分子间作用力小，可以在任意范围内运动，如果没有容器的限定或没有外力的作用，气体可以无限制地扩散。一旦盛装气体的容器发生泄漏，就会扩散到空气中。易燃气体会引起燃烧或爆炸；毒性气体会引起人员中毒及环境危害；非易燃无毒气体则可能造成人员窒息死亡或引起可燃、易燃物的燃烧或爆炸。

扩散出来的气体因相对密度（指气体密度与空气密度的比值）不同会蓄留在不同位置。相对密度大于 1 的气体会停留在封闭空间的顶部；小于 1 的会沉积在低洼处。如任其蓄积，都有潜在危险。因此，应针对气体相对密度大小采取相应的通风措施，以降低空气中的有害气体浓度。

（2）可压缩性和液化性。

气体分子之间的距离很大，密度很小，这给运输和储存带来很大麻烦。但是如果对气体施加压力，则可以被压缩，获得密度相对较大的压缩气体；再进一步降低温度，压缩气体还会被液化，成为液化气体，此时的体积会大大缩小。例如：在临界状态下，1 kg 液氨体积与其标准状态下的体积比为千分之三，甲烷为六百分之一。可见将气体压缩或液化就可以解决气体的运输问题。例如：目前液化天然气（LNG）和液化石油气（LPG）的运输。

（3）物理爆炸性。

所有气体都是灌装在压力容器中进行运输的，容器在运输储存过程中受到剧烈撞击、振动或受热时，会使容器内的压力增大，如果超过容器所能承受的最高压力，容器就会发生爆炸。这种爆炸属于物理爆炸。因此，盛装气体的钢瓶必须符合规定标准，使用前必须通过性能试验，必须检查瓶身上的钢印。并且在进行装卸作业时，应防止撞击、拖拉、翻滚、摔碰；储运时应远离火源，防止日晒，注意通风散热。

（4）燃烧爆炸性。

易燃气体扩散到空气中，与空气形成混合物，当达到其燃烧或爆炸极限时，遇热、火星或明火就会燃烧或爆炸。燃烧或爆炸下限越低，上限越高；燃烧或爆炸的范围越大，气体越危险。在易燃气体的运输中，燃烧或爆炸极限是十分重要的参数，必须根据这个数据采取相应的安全措施，降低空气中易燃气体的浓度。例如：易燃气体泄漏报警器报警浓度的设置就必须参考这一数据。

（5）毒性。

有毒气体，尤其是剧毒气体对人、畜都有很大的毒害性，吸入少量即可引起中毒或死亡。例如：一氧化碳气体的 LC_{50} 为 2 069 mg/m^3，空气中含 0.1%～0.15%吸入 1 h 以上即可中毒死亡；氰化氢的 LC_{50} 为 357 mg/m^3，空气中含 0.01%～0.02%时，吸入即可中毒，吸入 30～60 min 能引起严重中毒甚至死亡。毒性气体主要通过呼吸道进入人体，相对于消化道和皮肤，这是中毒最危险的途径。因此，毒性气体的生产、运输、存储都应特别注意远离一切食品和居住场所。

（6）助燃性。

第 2.2 项非易燃无毒气体中有些气体本身不燃烧，但具有很强的助燃性。如氧气的典型特征就是具有助燃性。物质在氧气中燃烧要比在空气中燃烧容易得多，同时也猛烈得多。在高压助燃气体中，甚至不需要点火即能燃烧。所以，助燃气体一旦漏气扩散极易引起周围可燃物的燃烧，引起火灾。

（7）窒息性。

在第 2.2 项非易燃无毒气体中，有些气体虽然无毒，但在高浓度时有窒息性。如：往粮食仓库中充入氮气，可以使害虫窒息死亡，起到杀灭虫害的作用。

（8）溶解性。

许多气体能溶解于水或某些溶剂中，有的甚至溶解量很大。如：肼可以大量溶解在水中，成为水合肼后再进行运输和储存；乙炔可以大量溶解在丙酮中，利用此性质，可以在乙炔钢瓶内填充多孔性物质，再注入丙酮，最后将乙炔加压灌入，使其溶解在丙酮中。此外，还可以利用气体在水中的溶解性进行应急处理，如压力容器发生逸漏，可以将其浸入水中，或通过喷撒水雾来吸收逸漏出来的气体，减少其在空气中的扩散。

4）运输中常见的此类货物

① 氢（压缩的，铁危编号：21001A）。

② 压缩氧（铁危编号：22001）。

③ 氯（液化的，铁危编号：23002）。

3. 易燃液体

1）定义

易燃液体是指闭杯闪点不高于 60.5 °C 的液体、液体混合物或含有固体的悬浮液，包括了液态退敏爆炸品。此处闪点是指易燃液体的蒸气和空气形成的混合物与明火接触时，可以发生瞬间闪火的最低温度，分为开杯闪点和闭杯闪点两种。

2）分项

第 3.1 项 一级易燃液体：闭杯闪点低于 23 °C 的液体；

第 3.2 项 二级易燃液体：闭杯闪点介于 23～60.5 °C 的液体。

3）特性

（1）易挥发性。

在相同条件下，易燃液体内聚力较其他液体内聚力小，饱和蒸气压大，沸点较低，所以，易燃液体易于挥发。易燃液体的挥发不但会造成货物的自然减量，还会形成易燃、易爆、毒害的蒸气。

（2）易燃性。

易燃液体沸点一般较低，在常温下就易挥发，并在液面上形成较高的蒸气压。而且易燃液体闪点低，点燃所需要的能量很小，一般只需要 0.2 mJ。因此，易燃液体具有高度的易燃性。

（3）蒸气的易爆性。

易燃液体的蒸气从容器中逸漏出来，和空气混合达到一定浓度，遇到明火、火星或火花就会发生爆炸。其爆炸性用爆炸极限范围来表示，范围越宽越危险。例如：二硫化碳的爆炸极限为 1%～44%，乙醚的爆炸极限为 1.85%～48%。

（4）热胀冷缩性。

易燃液体与其他液体物质一样，具有受热膨胀性，而且膨胀系数都比较大。加上液体受热后表面蒸气压升高，装满易燃液体的容器，就可能因为受热造成容器鼓胀，液体外溢，甚至发生容器破裂或爆炸。因此，在充装液体货物时，必须留一定的剩余空间，这个空间称为膨胀余位，膨胀余位一般应为 5%，对个别膨胀系数大的液体，或个别温差大的运程，要充分估计液体的膨胀体积。例如：在铁路货运中，罐车允许的充装体积为其容积的 83%～95%，要留下 5%的膨胀余位。

此外，易燃液体还具有易流动、易积静电、比重小、有毒、具有反应性等特性。在运输储存中，应该根据易燃液体的具体特性选择相应的包装，制定相应的运输方案。

4）运输中常见的此类货物

① 汽油（闪点≤23 °C，铁危编号：31001）。

② 丙酮（铁危编号：31025）。

③ 煤油（铁危编号：32001）。

④ 松香水（铁危编号：32143）。

4. 易燃固体、易于自燃物质和遇水放出易燃气体的物质

本类物质分为三项，易于引起或促成火灾。

1）分项

（1）第 4.1 项 易燃固体。

易燃固体是指在运输环境和条件下容易燃烧或由于摩擦可能引燃或助燃的固体、可能发生强烈放热反应的自反应物质、不充分稀释可能发生爆炸的固体退敏爆炸品。这些物质燃点低，对热、撞击、摩擦均较敏感，易被外部火源点燃，燃烧迅速（在标准试验中，燃烧蔓延速率大于 2.2 mm/s），并可散发出有毒烟雾或气体。易燃固体分为：一级易燃固体（41001～41499）和二级易燃固体（41501～41999）。

（2）第 4.2 项 易于自燃物质。

易于自燃物质包括发火物质和自热物质，是指自燃点低，在空气中易于发生氧化反应，放出热量，而自行燃烧。易于自燃物质分为：一级自燃物品（42001 ~ 42499）和二级自燃物品（42501 ~ 42999）。

（3）第 4.3 项 遇水放出易燃气体的物质。

遇水放出易燃气体的物质是指与水接触或受潮会放出易燃气体，这种气体与空气混合能形成爆炸性混合物，并极易被引燃，所产生的冲击波和火焰可能对人体和环境造成危害。遇水放出易燃气体的物质分为：一级遇水放出易燃气体的物质（43001 ~ 43499）和二级遇水放出易燃气体的物质（43501 ~ 43999）。

2）特性

（1）燃烧性。

易燃固体的燃点较低，容易被引燃，并且燃烧迅速，遇氧化剂或粉尘弥散在空气中还可能引发爆炸。

易于自燃物质的自燃点低，暴露在空气中氧化或受潮会放出热量，这些热量又会加剧其氧化反应，进而达到其自燃点后发生自燃。

遇水放出易燃气体的物质遇水、受潮、遇酸或氧化剂就能发生剧烈的化学反应，产生易燃气体和热量，当产生的热量达到其自燃点时或遇到明火就会立即引起燃烧甚至爆炸。

（2）爆炸性。

本类物质发生爆炸主要有以下几种情况：

（1）易燃固体粉尘弥散在空气中形成粉尘云，达到一定浓度后，遇到明火、火星或热源就会发生粉尘爆炸。

（2）有些物质与氧化剂混合形成爆炸性混合物，一旦引燃，会急速燃烧从而引发爆炸。

（3）遇水放出易燃气体的物质因放出的易燃气体与空气混合，达到其爆炸极限，引发气云爆炸。

3）毒害性和腐蚀性。

本类危险货物中一些物质本身或者燃烧时产生的气体有毒性或腐蚀性。例如：黄磷，大鼠经口 LD_{50} 为 3 030 μg/kg，燃烧时产生五氧化二磷烟雾，具有毒害性和腐蚀性；含有氨基或硝基的化合物，本身具有一定毒害性，而且燃烧时还会产生大量的氮氧化物毒性气体。

3）运输中常见的此类货物

① 红磷（铁危编号：41001）。

② 硫磺（铁危编号：41501）。

③ 黄磷（铁危编号：42001）。

④ 鱼粉（未稳定的，铁危编号：42526）。

⑤ 金属钠（铁危编号：43002）。

⑥ 电石（铁危编号：43025）。

5. 氧化性物质和有机过氧化物

氧化性物质本身可能不燃，但与易燃、可燃物混合后就成了活泼的爆炸品。有机过氧化物常常不稳定，受热易分解，放出热量和氧气，而其自身为易可燃物，满足了燃烧的三要素，因此，极易发生燃烧和爆炸。

1）分项

（1）第 5.1 项 氧化性物质。

氧化性物质又称助燃剂，自身能够放出氧气或起氧化作用，促使其他物质燃烧。检测方法是选择标准氧化剂（溴酸钾）和检测样品与纤维素丝按照规定重量比例混合，并堆成规定形状和大小的堆垛，点燃后比较二者的燃烧时间。燃烧时间越短，说明氧化剂的助燃性越好，氧化性越强。氧化性物质按其危险性大小分为：一级氧化性物质（51001 ~ 51499）和二级氧化性物质（51501 ~ 51999）。

（2）第 5.2 项有机过氧化物。

有机过氧化物是指在分子中含有过氧基（—O—O—）的有机物。

2）特性

（1）第 5.1 项氧化性物质本身不一定可燃，但具有强的氧化助燃性，遇酸、受热、振动、摩擦，受潮或接触可燃、易燃物、还原剂等，都可能会引发燃烧或爆炸危险。

（2）第 5.2 项有机过氧化物由于其自身集可燃和氧化性于一体，而且过氧基（—O—O—）极不稳定，对热、振动、碰撞、摩擦敏感，当受到外力作用时易发生放热自加速分解反应，引起燃烧或爆炸。此外，有机过氧化物还容易对人的眼角膜造成严重伤害，操作时应注意眼睛防护。有些有机过氧化物在运输时必须加入稳定剂，对在常温下会自行加速分解的，还必须控温运输。

3）运输中常见的此类货物

（1）过氧化氢（含量≥40%，铁危编号：51001A）。

（2）硝酸钾（铁危编号：51056）。

（3）过氧化氢（8% < 含量 < 20%，铁危编号：51501A）。

（4）过苯二甲酸（铁危编号：52057）。

6. 毒性物质和感染性物质

1）定义

本类物质是指对人体特别有害的物质或物品。

2）分项

（1）第 6.1 项 毒性物质。

毒性物质是指进入动物体后，能与机体的体液或器官组织发生生物化学或物理作用，破坏其正常生理功能，引起某些器官或系统暂时性或永久性病理变化，甚至危及生命的物质和物品。

（2）第 6.2 项 感染性物质。

感染性物质是指含有致病的微生物，能引起病态，甚至死亡的物质。包括基因突变的微生物和生物、生物制品、诊断标本和临床及医疗废物。本类物品无法给出衡量参数，也无法用化学实验测定，通常由卫生防疫部门认定。

3）特性

（1）毒害性。

许多物质都具有一定的毒性，不可能将其都归为毒性危险品，只有毒性达到一定程度的物质，才能被列为毒性危险品。影响毒性物质毒性大小的主要因素有：化学组成和结构、溶解性、溶解度、颗粒大小、沸点、蒸气密度和环境温度等。毒性物质一般是以半数致死量来确定其毒性大小，用符号 LD_{50}（半数致死剂量，单位为 mg/kg）或 LC_{50}（半数致死浓度，单位为 mg/L）来表示。毒性物质的状态有固体、液体、气体、蒸气、雾、烟雾和粉尘，进入生物体引起中毒的途径包括：呼吸道、消化道和皮肤。

在铁路货物运输中，毒性物质包括：急性经口毒性 LD_{50}≤200 mg/kg 的固体和 LD_{50}≤500 mg/kg 的液体、急性皮肤接触毒性 LD_{50}≤1 000 mg/kg 的物质、急性吸入毒性 LC_{50}≤10 mg/L（蒸气、粉尘或烟雾）的物质。按其毒性高低，分为：一级毒性物质（剧毒品，61001 ~ 61499）和二级毒性物质（有毒品，61501 ~ 61999）两项（见表 2-1-2）。

表 2-1-2 毒性物质分级表

分级	口服毒性 LD_{50}/（mg/kg）	皮肤接触毒性 LD_{50}/（mg/kg）	吸入粉尘或烟雾毒性 LC50/（mg/L）
一级毒性物质（剧毒品，61001 ~ 61499）	≤50	≤200	≤2
二级毒性物质（有毒品，61501 ~ 61999）	固体：>50 ~ 200 液体：>50 ~ 500	>200 ~ 1000	>2 ~ 10

（2）遇热、酸、水等分解。

几乎所有的毒性物质遇火或受热均会散发出毒性气体。有的遇酸会发生反应，产生剧毒气体，如：氰化钠、氰化钾；有的遇水发生反应，产生剧毒、腐蚀性气体，如：磷化铝、氟化砷。

（3）可燃性。

毒害品中约有 89%的都具有火灾危险性。无机毒害品中的金属氰化物和硒化物大多本身不燃，但都有遇水、遇湿放出极毒的易燃气体；锑、汞、铅等金属氧化物，硝酸铊、硝酸汞、五氧化二钒等大都本身不燃，但都有氧化性，在 500 °C 时分解，与可燃物接触时易引起着火或爆炸；此外，毒害品中许多有机物都为透明油状液体，闪点在 23 °C 以下，具有易燃性。例如：溴乙烷（61564）的闪点为 – 20 °C。

（4）腐蚀性。

有不少的毒害品对人体和金属有较强的腐蚀性，强烈刺激皮肤和黏膜，甚至发生溃疡，并加速毒害品经皮肤进入人体。如：苄基溴、氯甲酸乙酯、溴化氢等。

4）运输中常见的此类货物

① 氰化钠（铁危编号：61001）。

② 三氧化二砷（铁危编号：61007）。

③ 三硫化二锑（铁危编号：61506）。

④ 医院诊断废弃物（铁危编号：62003）。

7. 放射性物质

放射性物质是指所托运的货物中任何含有放射性核素并且放射性比活度和总放射性活度都超过规定相应限值的物质。此类物质能自发地，不断地放出α、β、γ或中子流，具有不同的穿透能力，过量的射线照射对人体细胞有杀伤作用（具体内容见本章第七节）。

8. 腐蚀性物质

1）定义

腐蚀性物质是通过化学作用在接触生物组织时会造成损伤，或在渗漏时会严重损害甚至损坏其他货物或运输工具的物质。

国家标准将腐蚀性分为生物腐蚀性和金属腐蚀性。前者的检测方法是将其与完好皮肤接触不超过 4 h，在 14 d 的观察期间发现引起皮肤全厚度损毁；后者是在 55 °C 条件下，对 S235JR+CR 型或类似型号钢或无覆盖层的铝表面均匀年腐蚀率超过 6.25 mm/a（毫米/年）的物质。

腐蚀性物质一般为具有较强化学活性的物质，典型的有强酸、强碱性物质，它们能与许多物质发生激烈的化学反应，接触人体、金属或其他物品时均可造成严重损害。

2）分项

腐蚀性物质按其性质分为三项：

第 8.1 项　酸性腐蚀性物质。

第 8.2 项　碱性腐蚀性物质。

第 8.3 项　其他腐蚀性物质。

3）特性

（1）腐蚀性。

腐蚀性物质与许多物品和生物体接触后，都能造成不同程度的腐蚀。腐蚀又分为生物腐蚀性和金属腐蚀性。

① 生物腐蚀性。

固体腐蚀性物质能对直接接触的皮肤表皮造成伤害；液体腐蚀性物质能快速渗透入衣物，对皮肤造成伤害；气体腐蚀性物质虽然不多，但许多液体腐蚀性物质的蒸气和固体腐蚀性物质的粉尘一旦接触人的皮肤、眼睛或进入其呼吸道、消化道，就立即与表皮细胞组织发生反应，使细胞组织受到破坏，造成化学烧伤，引起炎症，严重的甚至会死亡。

② 对物品的腐蚀。

腐蚀性物质中的酸和碱都会不同程度地对金属造成腐蚀，因此它们会对容器、运载工具和装卸设备造成影响。即使它们没有直接接触这些金属，但它们的蒸气同样会造成金属部件的腐蚀。

布匹、木材、纸张和皮革等有机物也会被酸或碱腐蚀，如：浓硫酸能夺取有机物的水分，使有机物炭化。浓氢氧化钠能使不溶于水的活体组织成为能溶于水的有机酸钠和醇。因此，氢氧化钠能溶解丝、毛和动物组织；皮肤接触液碱会被溶解，摄入液碱后，如不立即用1%的醋酸溶液中和，可致命。

（2）毒害性。

许多腐蚀性物质还具有一定的毒害性，尤其是那些能挥发出毒性气体或蒸气的物质，在对人体皮肤造成腐蚀的同时，还会引起人员中毒。例如：水合肼、三氯化磷、氢氟酸、发烟硫酸等。

（3）氧化性。

腐蚀性物质中的含氧酸大多是强氧化剂，如：硝酸、浓硫酸、高氯酸等，与纸张、炭粉等接触，可引起燃烧甚至爆炸。

（4）易燃性。

腐蚀性物质中的有机物，一般具有可燃性，有的闪点较低，还是易燃品。如：冰醋酸，闪点 40 °C；氯甲酸乙酯，闪点 29 °C。

（5）遇水反应性。

腐蚀性物质中的一些酸性腐蚀品，遇水后会发生反应，放出酸性腐蚀性酸雾，对眼睛和呼吸道有强烈的刺激作用。如：三氧化硫、氯磺酸、氯化硅等。由于反应剧烈，并放出大量的热量，当满载这些物品的容器遇水后，则可能因漏进水发生猛烈反应，将容器炸裂。所以尽管没有给这些货物贴上“遇水危险”的警示标志，但其防水要求应和 4.3 项危险货物相同。

4）运输中常见的此类货物

① 硫酸（铁危编号：81007）。

② 冰醋酸（铁危编号：81601）。

③ 氢氧化钠（铁危编号：82001）。

④ 水合肼（含肼≥37%，铁危编号：82020）。

9. 杂项危险性物质或物品

1）定义

本类物质是指第 1 类至第 8 类未包括的物质和物品，这些物质都是对环境有害的物质。随着各种公共危害事件的不断发生，国际社会的环保意识不断提高，为了维持正常的生态平衡和保护环境，增设了第 9 类危险品。

2）分项

第 9.1 项　危害环境的物质。

第 9.2 项　高温物质（如：运输或要求运输的物质液态温度达到或超过 100 °C，或固态温度达到或超过 240 °C）。

第 9.3 项　经过基因修改的微生物和组织，不属感染性物质，但可以非正常地天然繁殖结果的方式改变动物、植物或微生物物质。

2.2　危险货物运输包装

2.2.1　危险货物运输包装概述

危险货物运输包装是指以保障运输、储存安全为目的，根据货物危险性质、特点，依照国家、行业有关要求、法规、标准设计生产的包装物、容器及其他防护措施。

依据《铁路危险货物运输管理规则》，铁路危险货物运输包装应符合国家有关法律、法规、标准和本规定的要求，并与内装物的性质、特点相适应。根据其内装物的危险程度，包装划分为三种类别：

Ⅰ类包装：盛装具有较大危险性的货物，包装强度要求高。

Ⅱ类包装：盛装具有中等危险性的货物，包装强度要求较高。

Ⅲ类包装：盛装具有较小危险性的货物，包装强度要求一般。

包装应由取得工业产品生产许可证（列入国家实行生产许可证制度工业产品目录的包装）的企业生产，除符合国家有关标准外，还应符合《铁路危险货物运输包装性能试验规定》和《铁路危险货物运输包装性能试验要求和合格标准》，并经国家质量监督检验检疫部门认定的检验机构（以下简称包装检验机构）检验合格，并出具包装检验报告。

放射性物质（物品）运输包装容器应符合《放射性物品运输安全管理条例》《放射性物质安全运输规程》（GB 11806）的相关规定；钢瓶应符合《气瓶安全监察规程》的规定。

危险货物运输包装能保证货物在正常运输状态下的安全，是危险货物运输安全的基础。它除了具有普通包装的一般作用外，还应具有一些特殊作用，如：

（1）防止货物因接触雨雪、阳光、空气和杂质使其自身变质或发生剧烈化学反应从而引发事故。

（2）减小货物在运输过程中受到振动、碰撞、摩擦和挤压等外力作用，保证运输安全与稳定。

（3）防止因货物撒漏、挥发以及性质相互抵触的货物直接接触，而发生事故或污染运输设备及其他货物等。

（4）抑制或降低货物的危险性，使危险性被控制在可接受的范围内，为危险货物运输和储存提供良好的作业环境。

（5）方便危险货物的装卸、搬运和保管，做到及时运输和减少事故的发生。

2.2.2 危险货物运输包装的要求

（1）包装的材质、规格和包装结构应与所装危险货物的性质和重量相适应，所装货物不能与包装容器发生危险性反应或削弱包装的强度。

（2）包装应具有一定的强度，能经受运输、储存和装卸过程中正常的振动、碰撞、摩擦和挤压等外力作用，并便于装卸和搬运。

（3）运输包装内应有适当的衬垫，以起到减振、隔离和防止内包装移动的作用，衬垫材料不得与所装货物发生危险性反应。

（4）包装容器的封口应符合所装危险货物的性质。包装封口分为三种：

① 气密封口：即容器经封口后，封口处不外泄气体。这种封口适合于气体、挥发性强以及易潮解的危险货物。

② 液密封口：即容器经封口后，封口处不外漏液体。这种封口适合于液体危险货物。

③ 严密封口：即容器经封口后，封口处不外漏固体。这种封口适合于除前面两种封口要求以外的固体危险货物。

（5）充装液体危险货物的容器应留下正常运输过程中最高温度所需的足够膨胀余位，一般为其内容积的 5%。

（6）运输包装应能适应一定范围内温、湿度的变化，以免在不同气候条件下，因温、湿度变化引起包装强度降低从而引发事故。

（7）包装的重量规格和形式应适应运输过程中装卸和搬运条件。

（8）包装外表面应清洁，不得沾附所装货物和其他有害物质。

（9）性质、消防条件和储存方法相互抵触，配装号不同的危险货物不能混装在同一运输包装内。

（10）包装表面应牢固、清晰地表明规定的危险货物包装标志和包装储运图示标志。

2.2.3 危险货物运输包装检测方法

1. 危险货物的包装试验概述

发货人托运危险货物，所使用的包装材质和包装方法应符合《危规》包装表的规定。发货人按《危规》设计制造运输包装或改变原包装时，应进行包装性能试验，并经主管部门批准。铁路可对发货单位提出使用的包装进行抽查，凡不符合试验要求和满足《危规》规定的包装，不予承运。

运输包装的实验项目主要有：

（1）堆码试验。

在包装件上放置一定高度同样重量的包件，观察试件在一定时间内承受堆积静载的能力和包装对内装物的保护能力。

（2）跌落试验。

将包装件按规定高度和着地方式跌落于坚硬、平整的水平面上，以包装的破损、裂缝、变形来评定包装件承受垂直冲击的能力。

（3）振动试验。

将包装件放在振动试验台上，使其在一定的时间内按规定的波形、加速度和频率进行振动，以包装的破损、松散、失封程度来评定包件承受振动能力。

（4）压力试验。

将包件置于压力试验机上，以一定的速度在其顶部（或底部）均匀施加压力，通过包装的破损、变形程度来评定包装承受外部压力的能力。

（5）水压试验。

利用水压机对金属或塑料桶（罐）加压，经一定时间后，通过容器的破裂、变形、减压和渗漏情况，评定桶（罐）的强度和液密封口能力。

（6）渗漏试验。

将桶（罐）浸入水中，利用空压机加压，观察气泡的产生，评定容器的严密性和气密封口能力。

（7）高、低温试验。

将包件按规定温度和时间置于高、低温试验室（箱）内，评定包件承受热、冷气候环境的能力和包装对内装物的保护能力。

（8）喷淋试验。

将包装件在规定条件下按一定时间和喷水量要求进行喷淋，评定包件承受水的侵袭的能力和对内装物的保护能力。

此外，根据货物性质和包装材料、结构，必要时还应进行有关材料的力学试验和特殊包装试验，如滚筒试验、实地运输试验等。各种试验的技术和合格标准应能满足危险货物运输过程中的最严酷条件。其定量值可参考有关试验的国家部标准或国际上试行、推荐的标准。

根据不同包装类别，分类选择包装性能以及包装材料的试验方法，例如，针对密封包装容器要做气密试验、液压试验、高温堆码试验、冷冻跌落试验；针对塑料编织袋包装要做耐热性试验、耐寒性试验、抗紫外线性能、拉伸性能；针对纸箱类包装要做空箱抗压试验、戳穿试验、耐破试验、边压强度。样品（包装或包装件）是否达到相关标准的要求，以此判断是否合格。通常一个包装件是否合格，需要通过一组实验来判定，而非单一实验确定，例如闭口钢桶检测，除了要做跌落试验、堆码试验、气密试验、液压试验，还要进行外观，结构，标志，涂镀层厚度检测等项目，所有实验项目必须全部通过后，才能判定为合格求。

2. 运输包装性能试验

1）试验准备

准备试验的运输包装件应处于待运状态。凡盛装固体的包装件，可采用与拟装货物物理特性（如质量、粒径等）近似的其他物品代替，凡盛装液体的包装件，可采用与拟装货物物理特性（如密度、黏度）近似的其他物品代替，一般可用水代替。

盛装固体的包装应装至其容积的 95%，盛装液体的包装应装至其容积的 98%。

纸质和硬质纤维板包装应根据流通环境条件需要按照《包装 运输包装件基本试验 第 2 部分：温湿度调节处理》（GB/T 4857.2）的规定，进行温、湿度预处理。

塑料包装进行跌落试验前，应将试样和内装物的温度降至 – 18 °C 及其以下。内装物为液体时，温度降低后应仍是液态，如需要可加入防冻剂。

包装上的通气装置应用类似通气的封闭装置代替或将通气孔封闭。

直接盛装危险货物的容器及封口、吸附、衬垫等防护材料在性能试验前，还应进行盛装拟装物一定时期（例如为期 6 个月）的相容性试验。

除上述试验外，托运人还应按铁路主管部门的规定，根据货物的性质和包装容器的特点，做必要的其他试验。如：包装材料与内装物的相容性试验，玻璃容器的热稳定性试验，盛酸容器的耐酸度试验，瓦楞纸箱的防潮试验，塑料容器的老化试验，纸袋、塑料袋、塑料编织袋和复合塑料编织袋的性能试验以及喷雾罐的性能试验等。

2）包装实验

各项试验须符合《铁路危险货物运输包装性能试验要求和合格标准》。

表 2-2-1 跌落试验

包装容器形式	跌落试验				
	数量	地面	试验方法	跌落高度	合格标准
钢桶（罐）、铝桶	6 个，分两次试验，每次 3 个	符合规定的碰撞地面	第一次：桶（罐）的凸边呈斜角线撞击在地面上，如无凸边，则以桶（罐）身与桶（罐）底接缝处撞击。 第二次：第一次没有试验到的最薄弱地方。如纵向焊缝、封闭口等	① 如果用所装运的固体、液体或模拟物进行跌落试验，跌落高度为： Ⅰ类包装：1.8 m； Ⅱ类包装：1.2 m； Ⅲ类包装：0.8 m。 ② 当以水代替所装运的液体进行试验时，如果所装物的相对密度（d）不超过 1.2，跌落高度同上；如果所装物的相对密度（d）超过 1.2，跌落高度为： Ⅰ类包装：d×1.5 m； Ⅱ类包装：d×1.0 m； Ⅲ类包装：d×0.67 m	桶（罐）和内容器不得破损；内容物不得有任何撒漏或破损

续表

包装容器形式	跌落试验				
	数量	地面	试验方法	跌落高度	合格标准
胶合板桶、纤维板桶、硬纸板桶	同钢桶	同钢桶	同钢桶	Ⅰ类包装：1.8 m； Ⅱ类包装：1.2 m； Ⅲ类包装：0.8 m	同钢桶
塑料桶（罐）	同钢桶	同钢桶	同钢桶	同钢桶	同钢桶
钢塑复合桶（箱）	同钢桶	同钢桶	同钢桶	同钢桶	同钢桶
榫槽接缝木箱、普通木箱、半花格木箱、花格木箱、纤维板箱、胶合板箱、铁皮箱	5个，每次试验一个	同钢桶	第一次箱底平落，第二次箱顶平落，第三次长侧面平落，第四次短侧面平落，第五次对角跌落	同胶合板桶	外包装和内容器不得破损；内容物不得有任何撒漏
瓦楞纸箱、钙塑瓦楞箱	同榫槽接缝木箱	同钢桶	同榫槽接缝木箱	同胶合板桶	同榫槽接缝木箱
麻袋、乳胶布袋、塑料编织袋、复合塑料编织袋、塑料袋、纸袋	3个，每个试验3次	同钢桶	第一次袋的平面平落，第二次袋的一侧平落，第三次袋的端部平落	同胶合板桶	袋不应有任何破损或撒漏
耐酸坛、陶瓷坛、厚度3 mm以上的大玻璃瓶					

表 2-2-2　液压试验

包装容器形式	液压试验			
钢桶（罐）、铝桶	数量	试验方法	压　力	合格标准
胶合板桶、纤维板桶、硬纸板桶	3个	需经受5 min恒压试验。 桶（罐）不能用机械支撑	Ⅰ类包装：250 kPa； Ⅱ、Ⅲ类包装：不小于所运物质在55 °C时的蒸气压力的1.5倍减去100 kPa，但最小的试验压力为100 kPa	桶（罐）不应渗漏

续表

包装容器形式	液压试验			
钢桶（罐）、铝桶	数量	试验方法	压　力	合格标准
塑料桶（罐）				
钢塑复合桶（箱）	3个	需经受30 min恒压试验。 桶（罐）不能用机械支撑	同钢桶	同钢桶
榫槽接缝木箱、普通木箱、半花格木箱、花格木箱、纤维板箱、胶合板箱、铁皮箱	3个	同钢桶	同钢桶	同钢桶
瓦楞纸箱、钙塑瓦楞箱				
麻袋、乳胶布袋、塑料编织袋、复合塑料编织袋、塑料袋、纸袋				
耐酸坛、陶瓷坛、厚度3 mm以上的大玻璃瓶				
钢桶（罐）、铝桶	3个	需经受5 min的恒压试验	Ⅰ类包装：250 kPa； Ⅱ类包装：200 kPa； Ⅲ类包装：200 kPa	坛、瓶不破裂

表 2-2-3　气密试验

包装容器形式	气密试验			
钢桶（罐）、铝桶	数量	试验方法	压　力	合格标准
胶合板桶、纤维板桶、硬纸板桶	3个	① 将桶（罐）浸入水中，对桶（罐）内充气加压，观察有无气泡产生； ② 在桶（罐）接缝处或其他易渗漏处涂上皂液或其他合适的液体后向桶（罐）内充气加压，观察有无气泡产生	Ⅰ类包装：不小于50 kPa（0.5巴）；Ⅱ、Ⅲ类包装：不小于30 kPa（0.3巴）	桶（罐）不应漏气
塑料桶（罐）				同钢桶
钢塑复合桶（箱）	3个	同钢桶	同钢桶	同钢桶

续表

包装容器形式	气密试验			
钢桶（罐）、铝桶	数量	试验方法	压　力	合格标准
榫槽接缝木箱、普通木箱、半花格木箱、花格木箱、纤维板箱、胶合板箱、铁皮箱	3 个	同钢桶	同钢桶	同钢桶
瓦楞纸箱、钙塑瓦楞箱				
麻袋、乳胶布袋、塑料编织袋、复合塑料编织袋、塑料袋、纸袋				
耐酸坛、陶瓷坛、厚度 3 mm 以上的大玻璃瓶				
钢桶（罐）、铝桶				

表 2-2-4　堆码试验

包装容器形式	堆码试验			
钢桶（罐）、铝桶	数量	试验方法	压　力	合格标准
胶合板桶、纤维板桶、硬纸板桶	3 个	① 将坚硬载荷平板置于试验包装件的顶面，在平板上放置重物；② 堆码高度：3 m（含被试包装件）	24 h	桶（罐）不应有引起堆码不稳定的任何变形和破损
塑料桶（罐）	3 个	同钢桶	同	
钢塑复合桶（箱）	钢			
榫槽接缝木箱、普通木箱、半花格木箱、花格木箱、纤维板箱、胶合板箱、铁皮箱	桶			
瓦楞纸箱、钙塑瓦楞箱	3 个	同钢桶	28 d（温度 40 °C 条件下）	同
麻袋、乳胶布袋、塑料编织袋、复合塑料编织袋、塑料袋、纸袋	钢			
耐酸坛、陶瓷坛、厚度 3 mm 以上的大玻璃瓶	桶			
钢桶（罐）、铝桶	3 个	同钢桶	24 h	同

除上述试验外，托运人还应按铁路主管部门的规定，根据货物的性质和包装容器的特点，做必要的其他试验。如：包装材料与内装物的相容性试验，玻璃容器的热稳定性试验，盛酸容器的耐酸度试验，瓦楞纸箱的防潮试验，塑料容器的老化试验，纸袋、塑料袋、塑料编织袋和复合塑料编织袋的性能试验以及喷雾罐的性能试验等。

2.2.4 危险货物运输包装标记和标志

《危险货物包装标志》（GB 190）分为标记和标签，其中标记 4 个，标签 26 个，其图形分别标示了爆炸品、气体、易燃液体、易燃固体、易自燃物质、遇水放出易燃气体的物质、氧化剂和有机过氧化物、毒害性和感染性物质、放射性、腐蚀性和其他危险性 9 类危险货物的主要特性。其目的是为了引起人员的特别警惕，并根据各类危险货物的性质加强相应的防护措施，保证人身、财产和货物安全，如表 2-2-5 和 2-2-6。

表 2-2-5 危险货物包装标记

序号	标记名称	标记图形
1	危害环境物质和物品标记	 （符号：黑色；底色：白色）
2	方向标记	 （符号：黑色或正红色；底色：白色）  （符号：黑色或正红色；底色：白色）
3	高温运输标记	 （符号：正红色；底色：白色）

表 2-2-6　危险货物包装标志

<table>
<tr><th>序号</th><th>标签名称</th><th>标签图形</th><th>对应的危险货物类项号</th></tr>
<tr><td rowspan="4">1</td><td rowspan="4">爆炸性物质或物品</td><td>

（符号：黑色；底色：橙红色）</td><td>1.1
1.2
1.3</td></tr>
<tr><td>

（符号：黑色；底色：橙红色）</td><td>1.4</td></tr>
<tr><td>

（符号：黑色；底色：橙红色）</td><td>1.5</td></tr>
<tr><td>

（符号：黑色；底色：橙红色）</td><td>1.6</td></tr>
<tr><td rowspan="2">2</td><td>易燃气体</td><td>

（符号：白色；底色：正红色）

（符号：黑色；底色：正红色）</td><td>2.1</td></tr>
<tr><td>非易燃无毒气体</td><td>
（符号：黑色；底色：绿色）

（符号：白色；底色：绿色）</td><td>2.2</td></tr>
</table>

续表

序号	标签名称	标签图形	对应的危险货物类项号
2	毒性气体	 （符号：黑色；底色：白色）	2.3
3	易燃液体	 （符号：黑色；底色：正红色）  （符号：白色；底色：正红色）	3
4	易燃固体	 （符号：黑色；底色：白色红条）	4.1
	易于自燃的物质	 （符号：黑色；底色：上白下红）	4.2
	遇水放出易燃气体的物质	 （符号：黑色；底色：蓝色）  （符号：白色；底色：蓝色）	4.3
5	氧化性物质	 （符号：黑色；底色：柠檬黄色）	5.1

续表

序号	标签名称	标签图形	对应的危险货物类项号
5	有机过氧化物	 （符号：黑色；底色：红色和柠檬黄色）  （符号：白色；底色：红色和柠檬黄色）	5.2
6	毒性物质	 （符号：黑色；底色：白色）	6.1
	感染性物质	 （符号：黑色；底色：白色）	6.2
7	一级放射性物质	 （符号：黑色；底色：白色，附一条红竖条） 黑色文字，在标签下半部分写上："放射性" "（内装物）" "放射性强度" 在"放射性"字样之后应有一条红竖条	7A
	二级放射性物质	 （符号：黑色；底色：上黄下白，附两条红竖条） 黑色文字，在标签下半部分写上： "放射性" "（内装物）" "放射性强度" 在一个黑边框格内写上："运输指数" 在"放射性"字样之后应有两条红竖条	7B

续表

序号	标签名称	标签图形	对应的危险货物类项号
7	三级放射性物质	 （符号：黑色；底色：上黄下白，附三条红竖条） 黑色文字，在标签下半部分写上： “放射性” “（内装物）” “放射性强度” 在一个黑边框格内写上：“运输指数” 在“放射性”字样之后应有三条红竖条	7C
8	腐蚀性物质	 （符号：黑色；底色：上白下黑）	8
9	杂项危险物质和物品	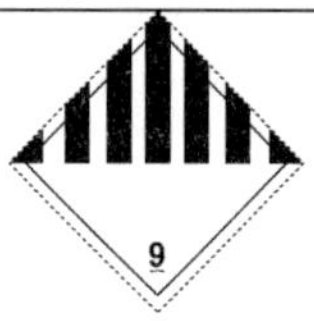 （符号：黑色；底色：白色）	9

危险货物包装标志的尺寸一般分为四种，如表 3-2-7 所示。如遇特大或特小的运输包装件，标志的尺寸可按规定适当扩大或缩小。

表 2-2-7　危险货物标志的尺寸　　　　单位：mm

尺寸号别	长	宽
1	50	50
2	100	100
3	150	150
4	250	250

2.2.5　危险货物运输包装事故分析

1. 运输中包装容器破损原因

1）金属制品包装容器

常见的金属制品运输包装容器有钢桶和铝桶。其中钢桶由于装货较重，装载方法错误，如下部立装、上部卧装等，在装卸、搬运过程中挤压、撞击、摩擦受损；钢桶焊缝质量不好，有漏焊，桶身有砂眼；卷边处没有填充封缝胶或封缝胶在卷边过程中断裂；旧桶反复多次使用，桶体受到损伤、锈蚀或腐蚀严重；盛装液体的钢桶，未经液密试验检测就投入使用，或者超装，没有留下足够的膨胀余位，受热后内装液体膨胀，造成“鼓桶”现象，或者从桶的密封口冒出；电石桶内有杂质或装桶前未烘烤干，产生乙炔气体，在装卸中受到碰撞、摩擦引发爆炸；装在木箱内的小金属包装容器，箱内有突出的钉子，或因桶内没有衬垫妥实，运输过程中金属桶彼此碰撞、挤压、摩擦而破损；装在桶内的货物超过规定的重量，运输中经摩擦、撞击或摩擦受损；车厢内或集装箱内多层装载时，由于上下层桶之间没有足够厚度的衬垫隔离，上下层桶之间的摩擦也会造成桶接触部位受损。

2）玻璃和陶瓷制品包装容器

由于玻璃或陶瓷容器有裂纹，砂眼或厚度不均，质量不合要求，加上本身质地较脆，在装卸、搬运中稍有不慎，就容易破损或渗漏，如果内装物和衬垫材料的性质相互抵触，则易发生事故；由于瓶盖及坛盖残缺不全，坛盖螺丝与坛口螺纹不匹配，密封不良，封口石膏受潮变质失效，在运输过程中经历数次装卸、搬运，则易发生封口脱落、破损等。箱内衬垫物过硬，则易挤坏、磨坏瓶、坛、罐等。大玻璃瓶盛装挥发性液体时，装得过满，在运输过程中受热膨胀，使瓶破损，盛装玻璃瓶的外包装制造不合要求，如木箱内的钉尖没有盘倒，箱内没有留出填塞衬垫材料的空隙，运输中都可能造成这类包装容器破损。

3）木箱和纸箱在运输中破损原因

木箱用材不符合要求，例如：木材种类、规格尺寸不符合要求，强度不足，运输中在正常振动和挤压下破损；湿材制作的木箱干燥后，箱体开裂撒漏货物；制作纸箱的瓦楞纸板强度不符合要求，无防潮剂，防潮涂层，受潮或遇水后耐压强度降低；钉合木箱用的钉子过短、过疏，造成钉子的握裹力不足；钉子过长、过密造成木箱拱起或开裂；木箱及纸箱外捆扎用的材料强度不足，也可能造成箱体松散而破损；箱子反复多次回收使用，强度降低，在装卸作业中不注意轻拿轻放，或装载加固不牢而破损。

4）袋包装在运输中破损的原因

袋子的质量不符合要求，如：编织布的力学性能不符合要求，塑料编制袋或薄膜袋使用回收料或添加回收料过多，因而强度不够，经受不住正常运输过程中的挤压、冲击或摩擦而破损；装卸过程中不注意轻拿轻放，保护包装，将袋子摔破；袋装的货物为块状或结块，运输过程中相互挤压、摩擦将包装袋刺破。

2. 承运货物时包装检查的主要内容

在承运货物时，应对包装进行检查，检查内容主要包括：

（1）运输包装是否符合有关标准和行业规定中提出的要求。

（2）包装是否有符合要求的检测报告。

检查使用的包装容器是否经过有资质的检验检测机构依据有关标准进行检测，质量合格并颁发了合格证。

（3）交付运输的货物包装实际情况的检查。

检查货物包装的材料强度、结构、衬垫、单位重量、包装标志是否符合要求；检查货物包装外观是否完好，如有破损或影响运输安全的缺陷，应禁止装车。

3. 运输包装运输事故分析的内容和方法

在运输过程中，货物运输事故一部分是由货物运输包装问题造成的。在进行运输事故分析时，需要对包装进行重点分析，方法是对现有包装进行随机抽样，然后进行下列检查：

（1）包装现状，包括包装生产厂家资质、出厂日期、有无合格证、包装形状、尺寸、新旧程度、盛装货物名称和重量。

（2）所使用的包装与有关标准各规定中所指定的盛装该种货物的包装是否相符。

（3）包装是否经国家法定检测机构进行检测，检测机构名称、时间、地点、检测项目、量值、是否合格等。

（4）包装材质是否符合国家有关标准要求，与内装物是否相容，对运输环境所遭受的温度和湿度是否相适应。

（5）包装的强度、材料厚度、有无缺陷等。

（6）包装结构是否合理，外包装和内包装尺寸是否匹配。

（7）包装加工制造工艺是否符合要求，如：钢桶焊缝是否有孔，卷边是否有裂缝，密封胶是否断裂或缺损，玻璃瓶厚度是否均匀。

（8）衬垫材料与内装物是否相容，材料的厚度，耐磨性能，缓冲作用是否符合要求，衬垫的使用方法是否正确。

（9）封口是否严密，外盖是否拧紧。

（10）包装捆扎材料强度是否符合规定，方法是否正确。

（11）单位包装重量是否符合要求。

（12）包装标志是否正确齐备。

（13）包装堆码高度、方法是否符合要求。

（14）装卸工具是否符合要求。

（15）其他需要了解的内容，如产品性能、特点、包装方法等。

在进行调查分析时，应写出分析报告，报告中应详细记载调查过程、项目内容、必要的数据，并配合图片和必要材料加以佐证，最后得出明确的结论。必要时，还需要对现有包装件进行试验验证。

4. 危险货物运输包装方案选择和管理

危险货物运输包装方案选择和管理的基本内容与前面货物运输包装方案选择和管理的内容基本一致，只是对于安全可靠性的要求更高，更具有行业特点，尤其是危险性较大，如：易燃、易爆、毒害和放射性危险货物，一旦发生事故后果非常严重，更应该特别重视。我国铁路危险货物运输包装方案的选择和管理的具体内容包括：

（1）危险货物运输包装应符合国家有关法律、法规、标准和本规则的要求；包装材料材质、规格和包装结构应与所装危险货物性质和重量相适应；包装材料不得与所装物产生危险反应或削弱包装强度。包装的衬垫物不得与所装货物发生反应而降低安全性，应能防止内装物移动和起到减震及吸收作用。

（2）包装不得重复使用（盛装气体类危险货物的钢瓶和其他集合包装除外）。充装液态货物的包装容器内至少留有 5%的余量，罐车及罐式集装箱装运的液体危险货物应符合《铁路危险货物运输管理规则》中的有关要求。

（3）包装和内包装应按《铁路危险货物品名表》及《铁路危险货物运输管理规则》附件 3“铁路危险货物包装表”的规定确定。包装封口应根据内装物性质采用严密封口、液密封口或气密封口。装有通气孔的容器，其设计和安装应能防止货物流出和杂质、水分进入。

（4）包装表面应保持清洁干燥，不得粘附所装物质和其他有害物质。包装应坚固完好，能抗御运输、储存和装卸过程中正常的冲击、振动和挤压，并便于装卸和搬运。

（5）采用集装化运输的危险货物，其包装应符合本规则的要求，使用的集装器具应有足够的强度，能够经受堆码和多次搬运，并便于机械装卸。

（6）货物包装上应牢固、清晰地标明《危险货物包装标志》和《包装储运图示标志》中相应的包装标志和储运标志。进出口危险货物在国内段运输时应粘贴或拴挂、喷涂相应的中文危险货物包装标志和储运标志。

（7）包装应由取得工业产品生产许可证（列入国家实行生产许可证制度工业产品目录的包装）的企业生产，并符合国家和铁路有关规定的要求，取得危险品包装合格证。

（8）可以反复使用的气瓶和集合包装需按规定定期进行检测，并在安全检验合格有效期内使用。

（9）托运人要求采用新包装（含改变包装）时，应委托包装检验机构进行包装性能试验，合格后方可办理危险货物新包装试运手续。试运时间为 2 年，结束时，托运人应会同办理站将试运结果报主管铁路集团公司。铁路集团公司对试运结果进行研究后，提出试运报告和包装技术条件建议报中铁总。国铁集团运输局组织专家进行技术审查，通过技术审查后公布新包装技术条件，纳入正式运输。

复习思考题

1. 危险货物的分类有哪些？各自有什么特性？
2. 危险货物包装的要求是什么？
3. 危险货物运输包装的标记和标志有哪些？

第3章 货物装载加固技术

3.1 货物装载相关技术条件

货物装载加固的基本技术要求是：使货物均衡、稳定、合理地分布在货车上，不超载、不偏载、不偏重、不集重，能够经受正常调车作业以及列车运行中所产生的各种力的作用，在运输全过程中，不发生移动、滚动、倾覆、倒塌或坠落等情况。

3.1.1 货物装载的基本技术条件

对货物装载最基本的要求是要保证重车运行安全。

根据《铁路货物装载加固规则》(简称《加规》)对货物装载的基本要求，归纳起来主要有：

(1)装载货物的重量，不得超过货车容许载重量，并要合理地分布在车底板上，不得偏重。

(2)货物装载的宽度和高度，除超限货物以外，不得超过机车车辆限界和特定区段装载限界。

(3)当一件货物宽度等于或小于车底板宽度时，突出货车端梁长度不得超过300 mm；大于车底板宽度时，突出货车端梁长度不得超过200 mm。超过时必须使用游车。这个规定的产生系因货车运行在曲线线路上，而车钩又同时被压缩到最大限度时，按上述方法装载，仍可使相邻车辆上的货物保持一定的安全距离，不致发生碰撞。

(4)一车装载两件或多件货物时，应避免对角线装载。

(5)一般情况下，装车后货物重心或总重心(一车装几件货物时)的投影应位于货车纵、横中心线的交叉点上(简称“车辆中央”)；特殊情况下，必须偏离车辆中央时，偏离车辆纵中心线的距离(横向偏离量)不得大于 100 mm，偏离车辆横中心线的距离(纵向偏离量)应保证每个转向架承受的货物重量不超过货车容许载重量的二分之一，且两转向架负重差不大于10 t。

纵向位移最大容许距离可以按照下式确定：

当 $P_{容} - Q < 10\ \text{t}$ 时，

$$a_{容} = \left(\frac{P_{容}}{2Q} - 0.5\right) l \ (\text{m}) \tag{3-1-1}$$

当 $P_{容} - Q > 10$ t 时，

$$a_{容} = \frac{5}{Q} l \ (\mathrm{m}) \tag{3-1-2}$$

式中 $P_{容}$——货车容许载重量，一般取货车标记载重量，t；

$a_{容}$——纵向位移最大容许距离，mm；

Q——货物重量（或总重量），t；

l——车辆销距，m。

遵守这些要求的关键是合理确定货物重心或总重心在车辆上的位置。

货物装车后，将车辆和其所装货物视为一个整体，该整体的组合重心自钢轨面起算的高度被称作重车重心高度。

重车重心高度是铁路的一项基本技术标准，它是影响重车运行稳定性的主要因素之一。重车重心高度越大，重车运行稳定性越差。为了保证重车运行安全，我国铁路规定，罐车重车重心高度不得超过 2 200 mm，双层集装箱重车重心高度不得超过 2 400 mm，其他重车重心高度一般不得超过 2 000 mm。

若想使重车重心高度降至 2 000 mm 或以下，需要配装货物的起码重量可按下式计算：

$$Q_{配} = \frac{Q_{总}(H - 2\,000)}{2\,000 - h_{配}} \ (\mathrm{t}) \tag{3-1-3}$$

式中 $Q_{总}$——货车自重与主货重量之和，t；

H——未配重前重车重心高度，mm；

$h_{配}$——配重货物装车后，其重心自钢轨面起算的高度，mm。

配重的条件：车辆载重能力尚有富裕；车地板上有可供配重的位置，且符合装载技术条件要求；有到达同一到站且重心较低的货物可以配装。不具备配重条件时，可选用地板面较低或自重较大，空车重心高度较低的货车装载。

超过这个限制时，如果有条件，可以通过以上配装重心较低的货物降低重车重心高度。若无法降低重车的重心高度时，应按规定限速运行。运行限速规定如表 3-1-1 所示。

表 3-1-1 重车运行限速规定

重心高度 H/mm	区间限速/（km/h）	通过侧向道岔限速/（km/h）
2 000 ~ 2 400	50	15
2 401 ~ 2 800	40	15
2 801 ~ 3 000	30	15

注：适用于除罐车和双层集装箱车以外的其他车辆，对于罐车，该 $2\,200 < H \leqslant 2\,400$（mm）。

3.1.2 避免集重装载的技术条件

车辆承受均布载荷，当装载重量达到车辆的标记载重时，车体主要部件的工作应力不会超过其许用应力。车辆承受集中载荷时，车体主要部件的工作应力有可能超过其许用应力。货物装车后车体主要部件（中梁、侧梁、横梁、枕梁等）的工作应力（或工作弯曲力矩）超过其许用应力（或最大容许弯曲力矩）时，被称为集重装载；重量大于所装车辆负重面长度的最大容许载重量的货物，被称为集重货物。货车负重面长度是指货车地板负担货物重量的长度。货物支重面长度是指支承货物重量的货物底面的长度。

集重货物的特点是重量较大，支重面长度较小，因而货物装车后，重量将较为集中地落在车底板上，如果货物的重量超过所装车车辆地板一定长度最大载荷的能力，也就是作用于车底架的工作弯曲力矩 M 超过其最大容许弯曲力矩 $[M]$ 时，会使得车底架受到损伤，甚至出现断裂。

货车底架的最大容许弯曲力矩是根据各类货车底架中、侧梁的材质及结构强度确定的，对于不同类型的货车，其最大允许弯曲力矩也各不相同。而货物重量作用于货车上的工作弯曲力矩的大小，则与货物支重面长度有密切关系，同一重量的货物用同一车辆装载，货物的支重面长度越大，所产生的弯曲力矩越小；反之，货物的支重面长度越小，则所产生的工作弯曲力矩越大。因此，在装载集重货物时，应选择合适的车辆，确定合理的装载方案，使货物装车后所产生的工作弯曲力矩不大于其最大允许弯曲力矩，即要满足 $M \leqslant [M]$，以保证货物与车辆的安全。

避免集重装载损伤车辆，缩短车辆的使用寿命，严重的集重装载有可能造成车辆断梁，酿成重大行车事故。为了保证车辆不受损伤，以确保行车安全和货物完整，在确定货物的装载方案时，要避免集重装载。

车辆的承载状况基本上可以分为两类：第一类为均布载荷，车辆整个车地板上均匀承载货物重量；第二类为集中载荷，车辆局部地板面上承受货物重量。

1. 避免平车集重装载的技术条件

1）货物支重面最小长度的确定

平车装载集重货物，其重量受到平车底架最大允许弯曲力矩的限制。因此，应根据平车构造的特点，在货物重量合理地分布给平车底架（货物重心位于平车地板纵、横中心线交叉点）的条件下，确定出一定重量的货物需要支重面的最小长度 K 以保证运输安全。

车辆横中心线所在截面的弯曲力矩是平车的最大弯曲力矩。为了防止因货物集重而压弯或压断车底架，对一定重量的笨重货物，其支重面的长度就必须有一定的要求；或对具有一定支重面长度的笨重货物，其重量必须有一定的限制，关于笨重货物的支重面的最小长度和集重的重量限制，可按以下弯曲力矩方程式来确定。直接负重货物重心落在车辆中央的装载图（见图 3-1-1）。

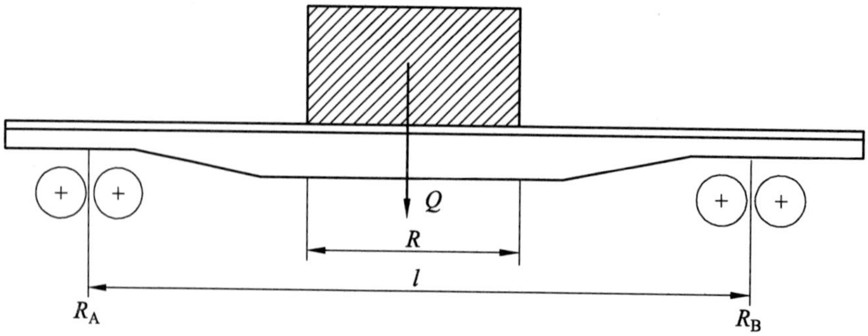

图 3-1-1　直接负重货物重心落在车辆中央的装载图

$$M_c=\frac{9.8Q}{2}\left(\frac{l}{2}-\frac{K}{4}\right)$$

$$K=2l-\frac{4M_C}{4.9Q} \tag{3-1-4}$$

$$Q=\frac{8M_C}{9.8(2l-K)} \tag{3-1-5}$$

式中　K——货物支重面的最小长度，cm；

M_C——车底架中央断面最大允许弯曲力矩，N · cm；

Q——货物重量，kg；

l——车辆销距，cm。

2）横垫木中心线间最小长度的确定

如货物重量不能均匀分布于车底板上，或货物支重面长度小于 K 时，则货物必须放置于两根横垫木上，使货物重量均匀分布于平车的所有横梁上，如图 3-1-2 所示。横垫木中心线最小长度 K_1，可用下面的弯曲力矩方程式求算：

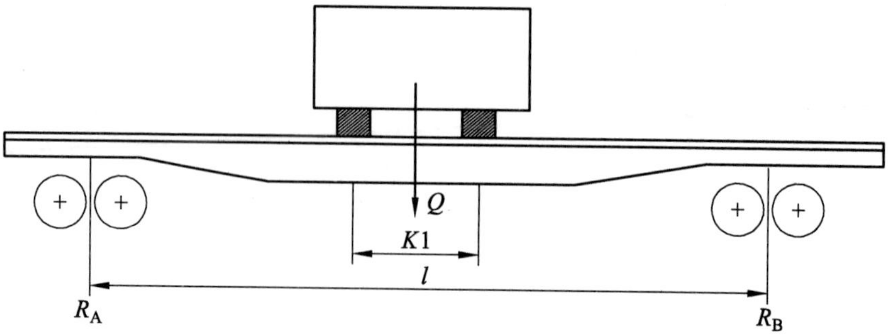

图 3-1-2　货物重量不能均匀分布于车底板的装载图

$$M_c = \frac{9.8Q}{2}\left(\frac{l}{2} - \frac{K_1}{4}\right)$$

$$K_1 = l - \frac{4M_C}{9.8Q} \tag{3-1-6}$$

$$Q = \frac{4M_C}{9.8(l-K)} \tag{3-1-7}$$

将式（3-1-4）和式（3-1-6）进行比较可以知，同样重量的货物，加横垫木时，横垫木中心线之间的距离 $K_1 = K/2$，即较不加横垫木的支重面最小长度短了 1/2。

当集重货物支重面长度小于两横垫木之间最小距离时，应在横垫木上铺垫纵垫木，在纵垫木上放置货物，并按货物重量取横垫木间最小距离等于或大于平车地板负重长度的 1/2。

根据前面的公式可以计算出各类平车装载集重货物的最大容许载重量。我国对各类平车规定的最大允许载重量见表 3-1-2。

表 3-1-2　普通平车地板负重面长度最大容许载重量表

平车地板负重面长度/mm	两横垫木中心线间最小距离/mm	不同车种的最大允许载重/t		
		60 t（N_6、N_9、N_{12}、N_{13}、N_{17}）	60 t（N_{60}）	60 t（N_{16}）
1 000	500	25.0	25.0	25.0
2 000	1 000	30.0	27.5	27.5
2 500	1 250	35.0	28.5	28.5
3 000	1 500	40.0	30.0	30.0
4 000	2 000	45.0	33.0	32.0
5 000	2 500	50.0	35.0	35.0
6 000	3 000	53.0	40.0	37.5
7 000	3 500	55.0	45.0	40.5
8 000	4 000	57.0	50.0	44.0
9 000	4 500	60.0	55.0	49.0
10 000	5 000		60.0	55.0
11 000	5 500			60.0

表 3-1-3　长大平车地板负重面长度最大容许载重量表

平车地板负重面长度/mm	两横垫木中心线间最小距离/mm	不同车种的最大允许载重/t	
		D_{21}（60 t 20 m 长平车）	D_{22}（120 t 25 m 长平车）
2 000	1 000	28.0	42.0
4 000	2 000	30.0	48.0
6 000	3 000	33.0	55.0
8 000	4 000	36.0	60.0
10 000	5 000	39.0	65.0
12 000	6 000	43.0	70.0
14 000	7 000	48.0	75.0
15 000	7 500	50.0	
16 000	8 000	60.0	80.0
17 000	8 500		
18 000	9 000		85.0

表 3-1-4　凹底平车地板负重面长度最大容许载重量表

平车地板负重面长度/mm	两横垫木中心线间最小距离/mm	不同车种的最大允许载重/t							
		$D_{新}$ 50 t	D_5 60 t	D_{10} 90 t	D_6 110 t	D_7 150 t	D_8 180 t	D_9 230 t	D_2 210 t
1 000	500	26.0	33.0	60.0	87.0	120.0	150.0	196.0	175.0
1 500	7 500	28.0	35.0	65.0	88.5	121.5	151.5	197.5	176.0
2 000	1 000	30.0	37.0	67.0	90.0	123.0	153.0	199.0	178.0
3 000	1 500	34.0	40.0	70.0	93.0	126.0	156.0	203.0	180.0
3 500	1 750	36.0	42.0	72.0	95.0	128.0	158.0	205.0	181.5
4 000	2 000	38.0	43.5	73.5	97.0	130.0	160.0	207.0	183.0
4 500	2 250	40.0	45.0	75.0	9.0	131.5	161.5	209.0	185.0
5 000	2 500	41.5	47.0	77.0	101.0	133.0	163.0	211.0	187.0
5 500	2 750	43.5	48.5	78.5	103.0	135.0	165.0	213.5	188.5
6 000	3 000	45.0	50.0	80.0	105.0	137.0	167.0	216.0	190.0
7 000	3 500	47.5	55.0	83.5	110.0	141.0	171.0	220.0	196.0
7 500	3 750	49.0	60.0	85.0		143.0	173.0	222.0	198.0
8 000	4 000	50.0		87.0		145.0	176.0	224.0	200.0
9 000	4 500			90.0		150.0	180.0	230.0	210.0

2. 一车装载多件货物

在实际工作中，我们常常遇到一辆平车装多件货物的情况。例如，钢管、长钢坯、型钢等采取并排顺装时，不论是单层或多层摞装，可以把一垛当作一件看待。若遇到大型卷板、钢锭、电缆、钢丝绳及成捆的金属块、锭等时，可以通过合理确定货物在车地板上的装载位置的方法，避免集重装载。

1）车装载偶数（2n）件货物

一般情况下，一车装载的多件货物重量和外形尺寸相同。可以把全车装载的货物分为重量相等的两部分，每部分为 n 件，分别装到车辆横中心线两侧（至横中心线距离相等），如图 3-1-3（a）所示。

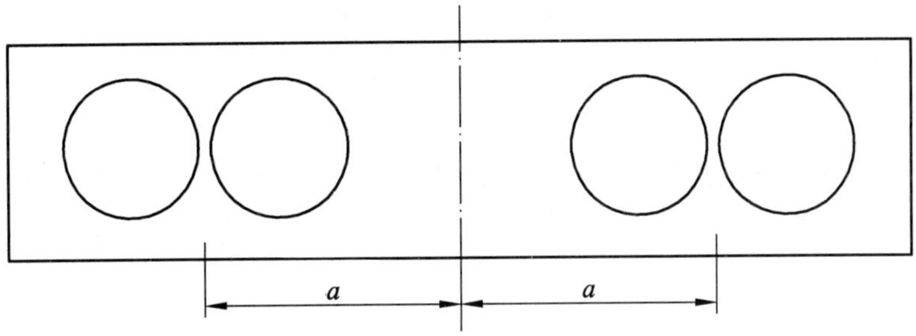

（a）一车装载偶数（2n）件货物

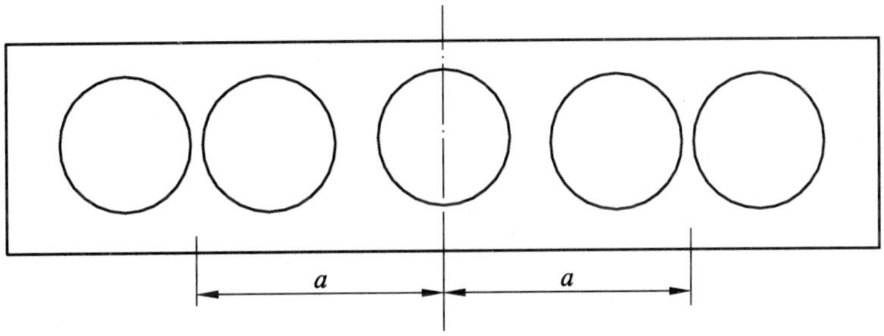

（b）一车装载奇数（2n+1）件货物

图 3-1-3　货物装载示意图

为避免集重装载，车辆横中心线同一侧 n 件货物的总重心至车辆横中心线的距离 a 必须满足下式要求：

$$a \geqslant \frac{l}{2} - \frac{[M]}{9.8nQ} \text{（m）} \tag{3-1-8}$$

式中　n——车辆横中心线一侧所装货物件数；

Q——每件货物的重量，t。

2）一车装载奇数 $(2n+1)$ 件货物

一车装载 $(2n+1)$ 件货物时，如果在车辆中央部位装载一件，其余 $2n$ 件可分别装在车辆横中心线两侧，每侧 n 件货物总重心至车辆横中心线的距离 a 必须满足下式要求：

$$a \geqslant \frac{2l(2n+1)-K}{8n} - \frac{[M]}{9.8nQ} \text{ (m)} \qquad (3\text{-}1\text{-}9)$$

式中 K——车辆中央所装货物的支重面长度，m。

一车装载奇数 $(2n+1)$ 件货物时采用 n-1-n 方案，如图 3-1-3（b）所示。

3. 敞车避免集重装载的技术条件

（1）货物支重面长度大于车辆销距时，应在车辆枕梁上铺设横垫木或稻草垫、稻草绳把，装载量可以达到车辆容许载重量。自身刚度大的货物可直接放在车底板上。

（2）当货物长度小于车辆长度的 1/2，又无法做到全车均布承载时，仅限使用 C_{62A}、C_{64} 型敞车，将货物分为重量、装载长度相等的两部分，再按下列要求装载：

① 每一部分的装载长度不大于 3.8 m 时，应装在枕梁两侧等距离范围内，车辆负重面宽度不得小于 1.3 m。全车装载量可以达到车辆标记载重量。需要加横垫木时，每一部分下加三根，并分别置于车辆枕梁及枕梁内外各 1 m 处。

② 每一部分的装载长度大于 3.8 m 时，应靠车辆两端墙向中部连续装载，车辆负重面宽度不得小于 1.3 m，全车装载量不得大于 55 t，货下满铺稻草垫。

（3）一车装载奇数件时，应采用车辆枕梁两侧等距离范围内及车辆中部三处承载，中部货重不超过 13 t，全车装载量不大于 57 t。

（4）采用仅在车辆两枕梁之间一定负重面长度上承受均布载荷或对称集中载荷时，最大容许载重量应遵照表 2-1-5、表 2-1-6 的规定。

（5）仅靠防滑垫防止货物移动时，C_{62A}、C_{64} 的全车载重量不得超过 55 t。

表 3-1-5　C_{62A}、C_{64} 型敞车两枕梁间承受均布载荷时最大容许载重重量

车辆负重面长度/mm	车辆负重面宽度/mm	最大容许偏重量/t
2 000	1 300～未满 2 500	15
	≥2 500	20
3 000	1 300～未满 2 500	16
	≥2 500	23
4 000	1 300～未满 2 500	17
	≥2 500	26
5 000	1 300～未满 2 500	18.5
	≥2 500	29

续表

车辆负重面长度/mm	车辆负重面宽度/mm	最大容许偏重量/t
6 000	1 300～未满 2 500	20
	≥2 500	32
7 000	1 300～未满 2 500	23.5
	≥2 500	35.5
8 000	1 300～未满 2 500	27
	≥2 500	39
9 000	1 300～未满 2 500	30
	≥2 500	43

表 3-1-6　C_{62A}、C_{64} 型敞车两枕梁间承受对称集中载荷时最大容许载重重量

车辆负重面长度/mm	车辆负重面宽度/mm	最大容许偏重量/t
1 000	1 300～未满 2 500	13
	≥2 500	17
2 000	1 300～未满 2 500	14
	≥2 500	20
3 000	1 300～未满 2 500	17
	≥2 500	21
4 000	1 300～未满 2 500	24
	≥2 500	30
5 000	1 300～未满 2 500	32
	≥2 500	42
6 000	1 300～未满 2 500	43
	≥2 500	49
7 000	1 300～未满 2 500	46
	≥2 500	55
8 000	1 300～未满 2 500	50
	≥2 500	60

3.1.3　超长货物装载的技术条件

在实际工作中，常常遇到有的货物需要突出车端装载，或用两辆平车跨装运输的情况。例如货物长度大于车地板长度，需要将货物突出车辆一端或两端装载；也有些货物，其长度虽不大于车地板长度，但其重心至一端的长度大于车地板长度的 1/2，

往往也需要突出车端装载。货物突出车端装载时，应保证突出车端装载的两辆重车相连挂，其行经的曲线线路上，车钩处于压缩状态时，两货物突出端不相接触，如图 2-1-4 所示。

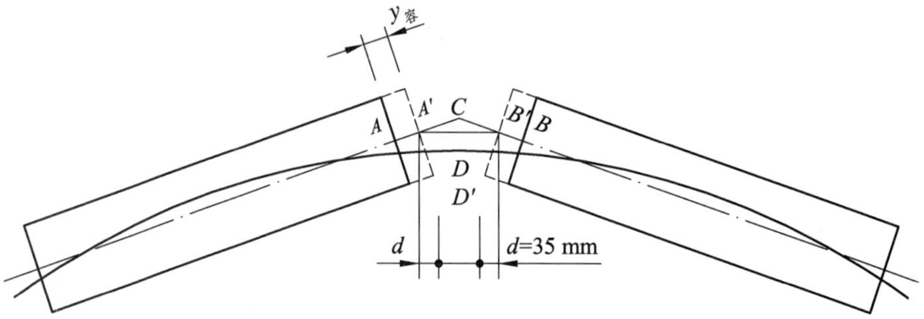

图 3-1-4　突出车端装载的重车行经曲线示意图

按行经曲线半径为 300 m 考虑，车钩在既不被拉伸，也未被压缩的情况下，两相邻车车端中间的距离 $AB \approx 908$ mm，车钩处于被压缩状态时，一对车钩的压缩量约等于 120 mm，设货物突出端的宽度与平车地板宽度（按 3 000 mm 计算）相等，则两货物相邻货端与车辆在直线上的状况相比，偏转量为 $2d = 70$ mm，因而两货物之间的距离比车辆在直线上时小 70 mm。设容许货物突出车端的长度为 $y_{容}$，车辆在曲线上两相邻货端之间的距离 DD' 仍可保留 120 mm 的安全距离（$AB - 2y_{容} -$车钩压缩量$- 2d = 120$），则

$$y_{容} = \frac{908 - 120 - 70 - 120}{2} = 299 \text{（mm）}$$

因此，现行《铁路货物装载加固规则》规定，货端半宽不大于车辆半宽时，货物突出车端的容许长度为 300 mm；如果货物突出端的半宽大于车辆半宽时，两货物相邻端部在曲线上的偏转量之和将大于 70 mm，无法保证在曲线上车钩处于压缩状态时，货物之间仍能保持 120 mm 的间距，因而规定货物突出端半宽大于平车地板半宽时，货物突出端的长度不得超过 200 mm。

装车后货物突出车端的长度，超过上述规定时，就需要加挂一辆游车。

一车负重突出车端装载，需要使用游车或需要跨装运输的货物，称为超长货物。为了保证运输安全，超长货物装载必须满足相关技术条件。

1. 一车负重超长货物的装载技术条件

一辆平车装载一件超长货物时，除执行货物装载基本技术条件外，还必须遵守下列要求：

（1）必须使用游车。游车与负重车连挂车钩的提钩杆用铁线捆绑固定，以防分摘。

（2）在游车上装载货物时，与货物突出端的间距不得小于 350 mm，如图 3-1-5 所示。

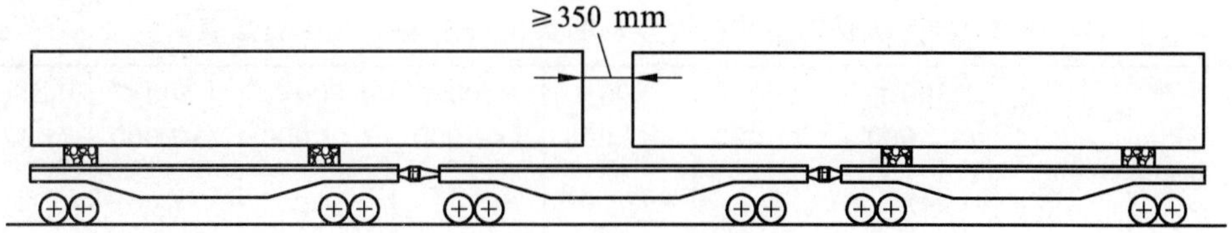

图 3-1-5　游车上货物装载位置示意图

（3）两件到达同一卸车地点的超长货物在同一地装车时，可以共用一辆游车，两货物突出端间距不得小于 500 mm，如图 3-1-6 所示。

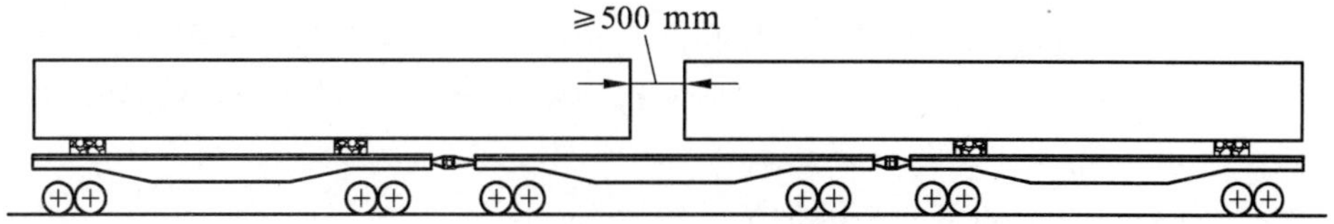

图 3-1-6　共用游车示意图

（4）在游车上，货物突出端的两侧不得装载货物，也不得将货物和游车加固在一起。

（5）为了保证车辆行经线路竖曲线变坡点时货物突出车端部分的底部与游车地板不相接触，必须使用高度符合要求的横垫木或支架（座）。

横垫木或支架（座）的高度 $H_{垫}$，可按车辆经过驼峰的要求考虑，如图 3-1-7 所示。

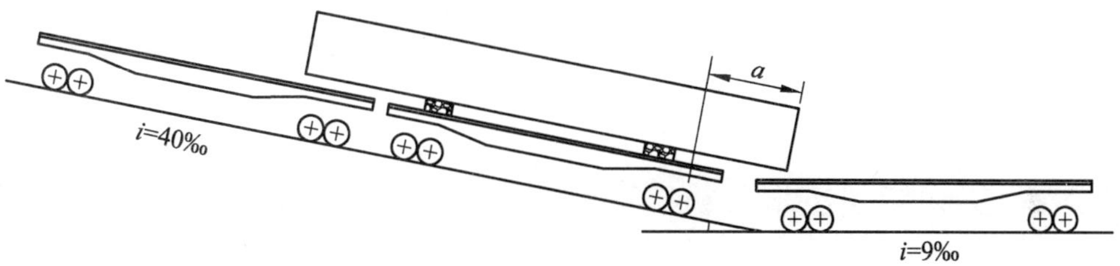

图 3-1-7　超长货物所在车辆经过驼峰示意图

$$H_{垫}=0.031a+h_{车差}+f+80\ (\mathrm{mm}) \qquad (3\text{-}1\text{-}10)$$

式中　0.031——r 角的正切值；

a——货物突出端至负重车最近轮对轴心所在垂直平面的距离，mm；

$h_{车差}$——游车地板与负重车地板高度差，游车地板高度大时，取正值，反之，取负值，mm；

f——货物突出端的挠度，mm；

80——负重车地板空重高度差（30 mm）与安全距离（50 mm）之和。

若货物突出车端部分底部有向下的突出部分时，$H_{垫}$ 中还应包括该突出部分的高度。

（6）超长均重货物使用 60 t、61 t 平车装载，两端均衡突出时，货物重量不得超过表 3-1-7 的规定。

表 3-1-7　超长均重货物两端均衡突出时车辆容许装载量表

突出车断长度 L/mm	L<1 500	1 500≤ L<2 000	1 500≤ L<2 000	1 500≤ L<2 000	1 500≤ L<2 000	1 500≤ L<2 000	1 500≤ L<2 000	1 500≤ L<2 000
容许装载重量/t	58	57	56	56	55	54	53	52

2. 跨装超长货物的装载技术条件

一件货物使用两辆平车负重装载时，货物被称为跨装货物。跨装货物应遵守如下要求：

（1）只准两车负重。负重车车地板高度应相等，如高度不等，需要垫平。对未达到容许载重量的货车，可以加装货物，但不得加装在货物的两侧，与跨装货物端部的间距不小于 400 mm。

（2）在两辆负重车的中间只准加挂一辆游车。

（3）跨装货物应使用货物转向架，以便于负重车在曲线上转向。货物转向架的支重面长度应遵守避免集重装载的要求，货物转向架下架体的重心投影应遵守装载基本技术条件的要求。

（4）货物转向架的上架体与跨装货物，下架体与车辆分别固定在一起。对货物及货物转向架的加固不得影响车辆通过曲线，并将提钩杆用铁线捆紧。

（5）中间加挂游车的跨装车组通过 9 号及以下道岔时不得推送调车。遇设备条件不容许或尽头线时，可以以不超过 5 km/h 的速度匀速推进。

（6）跨装车组应使用车钩缓冲停止器，安装应在车钩自然状态下进行。

（7）跨装车组禁止溜放。

3.2　货物加固技术分析

3.2.1　运输中作用于货物上的力

车辆在运行或调车作业中，所载货物受到各种外力的作用，这些外力主要包括纵向惯性力、横向力、垂直惯性力、风力以及货物支重面与车底板或横垫木之间的摩擦力，如图 3-2-1 所示。

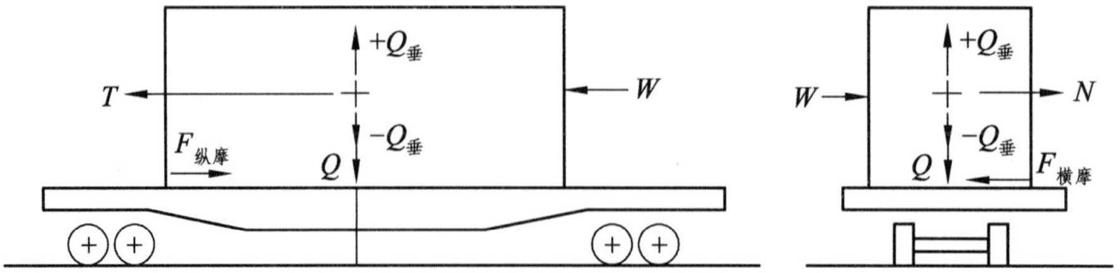

T —纵向惯性力；N —横向力；$Q_{垂}$ —垂直惯性力；W —风力；

$F_{纵摩}$ —纵向摩擦力；$F_{横摩}$ —横向摩擦力；Q —货物本身重力。

图 3-2-1　货物运输过程中作业在货物上的力

1. 纵向惯性力

在列车启动以及在运行中加速、制动，机车连挂车组，或在调车作业中溜放的车辆与停留线在线路上的车辆冲撞时所产生的作用在货物上的力被称为纵向惯性力。在直线区段，该力与线路中心线平行；在曲线区段，该力的作用方向为曲线线路中心的切线方向。

当用Q表示货物的重量，用t_0表示单位质量货物的纵向惯性力时，作用于货物上的纵向惯性力T，可用下式表示：

$$T = t_0 Q \text{（kN）} \tag{3-2-1}$$

式中　Q——货物的重量，t；

t_0——每吨货物的纵向惯性力，kN/t。

货物的纵向惯性力与对货物的加固种类关系极为密切。

（1）采用刚性加固时，货物的纵向惯性力。

用满载的 60 t 级货车作冲击车，被冲击车用不同总重的重车（同一货车分别装载不同重量的货物），根据冲击速度为 5 km/h 的冲击试验研究结果，单位质量货物的纵向惯性力（用t_0表示）可用下式计算：

$$t_0 = 26.69 - 0.13Q_{总} \text{（kN/t）} \tag{3-2-2}$$

式中　$Q_{总}$——重车总重，t，当$Q_{总} > 130$ t时，按 130 t 计算。

（2）采用柔性加固时，货物的纵向惯性力。

柔性加固系指用抗拉刚度比较小的加固材料，如钢丝绳、链条、多股盘条或镀锌铁线等对货物进行拉牵加固或下压式捆绑加固。

用同一货车分别装载不同重量的货物，采取柔性加固后作为被冲击车，用满载的 60 t 级货车以 5 km/h 的速度相撞，根据试验研究结果，单位质量货物的纵向惯性力可用下式计算：

$$t_0 = 0.001\,2Q_{总}^2 - 0.32Q_{总} + 29.85 \text{（kN/t）} \tag{3-2-3}$$

式中　$Q_{总}$——重车总重，t，跨装运输时，按跨装车组总重计算。

当$130\text{ t} < Q_{总} \leqslant 150\text{ t}$时，$t_0$按 6.78 kN/t 取值；当$Q_{总} > 150$ t时，t_0按 5.88 kN/t 取值。

2. 横向惯性力

作用于货物上的横向惯性力主要是由于摇头振动、侧摆振动和侧滚振动引起的。它与线路状态、列车运行速度以及货物重心在车辆上的位置有关。根据运行试验结果，货物的横向惯性力可按下式计算：

$$N = n_0 Q \text{（kN/t）} \tag{3-2-4}$$

式中　n_0——每吨货物的横向惯性力，kN/t，其计算公式为：

$$n_0 = 2.82 + 2.2\frac{a}{l} \text{（kN/t）} \quad (3\text{-}2\text{-}5)$$

其中 a——货物重心偏离车辆横中心线的距离，跨装时为货物转向架中心销偏离车辆横中心线的距离，mm；

l——负重车转向架中心距（具有多层转向架群的货车为底架心盘中心距），mm；

Q——货物重量，t。

3. 垂直惯性力

货物的垂直惯性力主要是由于车辆的沉浮振动、点头振动和侧滚振动引起的。垂直惯性力的大小取决于线路状态、列车运行速度、货物重心在车辆长度方向的位置以及车辆的动力性能。根据运行试验结果，货物的垂直惯性力可按下式计算：

$$Q_{垂} = q_{垂}Q \text{（kN）} \quad (3\text{-}2\text{-}6)$$

式中 $q_{垂}$——每吨货物的垂直惯性力，kN/t；

Q——货物重量，t。

使用敞车和普通平车装载时：

$$q_{垂} = 3.54 + 3.78\frac{a}{l} \text{（kN/t）} \quad (3\text{-}2\text{-}7)$$

式中 a——货物重心偏离车辆横中心线的距离，跨装时为货物转向架中心销偏离车辆横中心线的距离，mm；

l——负重车转向架中心距，mm。

使用长大货物车装载时：

$$q_{垂} = 4.53 + 7.84\frac{a}{l} \text{（kN/t）} \quad (3\text{-}2\text{-}8)$$

4. 风　力

侧向风力有可能引起货物在车辆上横移，特别是当风力与货物横向惯性力方向一致，且货物重量又较小，而迎风面积又比较大时，风力对货物在车辆上的稳定性威胁较大。因而在加固计算时需要考虑风力。

货物所受风力的大小，与货物形状、受风作用面积及风压大小直接相关，因此可按下式计算：

$$W = qF \text{（kN）} \quad (3\text{-}2\text{-}9)$$

式中 q——侧向计算风压，受风面为平面时 $q = 0.49\ \text{kN/m}^2$，受风面为圆柱体或圆球体的侧面时 $q = 0.245\ \text{kN/m}^2$；

F——货物侧向迎风面的投影面积，m^2。

5. 摩擦力

货物与车地板间的摩擦力起到阻止货物移动的作用，是一个稳定因素。货物的摩擦力可按下式计算：

纵向摩擦力 $F_{摩}^{纵}=9.8\mu Q$（kN/t） （3-2-10）

横向摩擦力 $F_{摩}^{横}=\mu(9.8Q-Q_{垂})$（kN/t） （3-2-11）

式中 Q——货物重量，t；

$Q_{垂}$——货物的垂直惯性力，kN；

μ——摩擦系数。

铁路货物常用摩擦系数见表 3-2-1，当货物与车地板间加有垫木或衬垫时，应取货物与垫木或衬垫间及垫木或衬垫与车地板间摩擦系数较小者计算。

表 3-2-1 铁路货物常用摩擦系数表

货物名称	摩擦系数	货物名称	摩擦系数
木与木	0.45	橡胶垫与木	0.60
木与钢板	0.40	橡胶垫与钢板	0.50
木与铸钢	0.60	稻草绳把与钢板	0.50
钢板与钢板	0.30	稻草绳把与铸钢	0.55
履带走行机械与车辆木地板	0.70	稻草帘与钢板	0.44
橡胶轮胎与车辆木地板	0.63	草支垫与钢板	0.42

作用于货物上的上述诸力中，纵向、横向和垂直惯性力均作用在货物重心；风力合力的作用点在货物受风面积的几何中心；摩擦力则作用在货物的支重面上。

一般情况下，车辆在运行中往往是几种力同时作用在货物上的，因此不可能同时都达到最大数值。在对货物进行加固时，为了保证行车安全和货物完整，加固强度必须与各种力的最大值相适应。

3.2.2 需要加固材料或装置承受的力

在运输过程中，支重面为平面的货物，在纵向惯性力、横向惯性力及风力的作用下，其在车辆上可能发生移动或倾覆，对于圆柱形或球形货物以及带轮货物（如各种汽车、拖拉机），很容易发生纵向或横向滚动。为了防止货物在车辆上发生移动、倾覆或滚动，必须对其进行加固。

为了确定必要的加固强度，在计算货物在运输过程中的受力之后，应分析需要加固材料或装置承受的力。

1. 防止货物水平移动时，需要加固材料或装置承受的力

对货物进行加固后，加固材料或装置应足以防止货物发生纵向或横向移动。

车辆受到冲击时，假设加固材料或装置对货物施加的纵向水平力为 ΔT，则 ΔT 及货物的纵向摩擦力 $F_{摩}^{纵}$ 应能够平衡货物的纵向惯性力 T，即 $\Delta T + F_{摩}^{纵} = T$。由此可知，为防止货物在车辆上发生纵向水平移动,需要加固材料或装置应承受的纵向水平力为：

$$\Delta T = T - F_{摩}^{纵} \ (\text{kN}) \tag{3-1-12}$$

式中 T——货物的纵向惯性力，kN；

$F_{摩}^{纵}$——货物的纵向摩擦力，kN。

设加固材料或装置应承受的横向水平力为 ΔN，为防止货物发生横向水平移动，起码应要求：$\Delta N + F_{横}^{摩} = N + W$。由于在运行过程中货物在货车上一旦发生横向移动，很容易导致重车脱轨，为确保列车运行安全，应适当提高加固强度，要求 $\Delta N + F_{横}^{摩} = 1.25(N + W)$。因而，为防止货物横向移动，需要加固材料或装置承受的横向水平力为：

$$\Delta N = 1.25(N + W) - F_{摩}^{横} \ (\text{kN}) \tag{3-1-13}$$

式中 N——货物的横向惯性力，kN；

W——作用于货物上的风力，kN；

$F_{摩}^{横}$——货物的横向摩擦力，kN。

如果 ΔT 或 ΔN 为负值或零，表明仅靠摩擦力就足以阻止货物发生纵向或横向水平移动。

2. 防止货物倾覆时，需要加固材料或装置形成的稳定力矩

对于支重面为平面的货物，货物的纵向惯性力、横向惯性力与风力，会形成货物的纵向倾覆力矩 Th 及横向倾覆力矩 $Nh + Wh_{风}$，有可能引起货物纵向或横向倾覆，如图 3-2-2 所示。

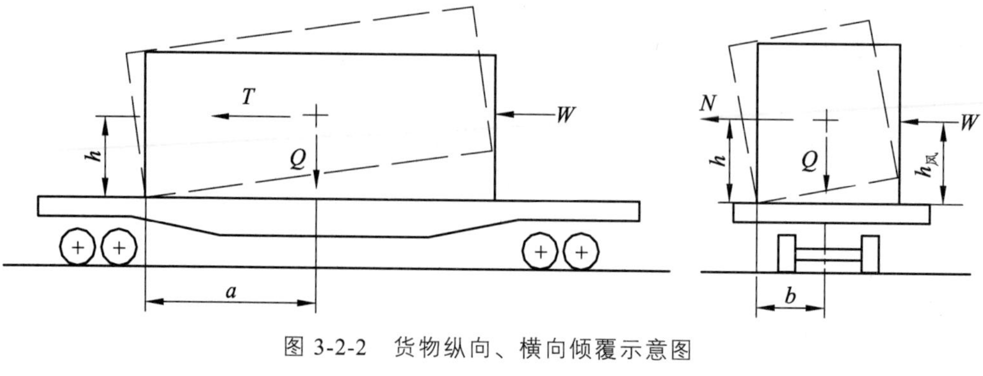

图 3-2-2 货物纵向、横向倾覆示意图

货物的重力能够形成纵向或横向稳定力矩 $9.8Qa$ 和 $9.8Qb$，在不采取加固措施时，货物免于倾覆的条件是：

纵向 $$\eta=\frac{9.8Qa}{Th}\geqslant 1.25$$

横向 $$\eta=\frac{9.8Qb}{Nh+Wh_{风}}\geqslant 1.25$$

式中 η——货物的倾覆稳定系数；

Q——货物质量，t；

a——货物重心所在横向垂直平面和货物倾覆点之间的距离，mm；

b——货物重心所在纵向垂直平面和货物倾覆点之间的距离，mm；

h——货物重心自倾覆点所在水平面起算的高度，mm；

W——作用于货物上的风力，kN；

$h_{风}$——风力合力作用点自倾覆点所在水平面起算的高度，mm。

当货物的倾覆稳定系数 $\eta\geqslant 1.25$ 时，表明即使不采取防止货物倾覆的加固措施，货物也不会倾覆，因而没有必要采取防止货物倾覆的加固措施。

当货物的倾覆稳定系数 $\eta<1.25$ 时，必须采取防止货物倾覆的加固措施，设对货物采取加固措施后，加固材料或装置能够形成的纵向和横向稳定力矩为 $M_{防倾}^{纵}$ 和 $M_{防倾}^{横}$，则货物免于倾覆的条件是：

纵向： $$\eta=\frac{M_{防倾}^{纵}+9.8Qa}{Th}\geqslant 1.25$$

横向： $$\eta=\frac{M_{防倾}^{纵}+9.8Qb}{Th}\geqslant 1.25$$

由此可得为了防止货物倾覆，需要加固材料或装置形成的稳定力矩为：

纵向 $$M_{防倾}^{纵}=1.25Th-9.8Qa \quad (\text{kN}\cdot\text{mm}) \tag{3-2-14}$$

横向 $$M_{防倾}^{横}=1.25(Nh+Wh_{风})-9.8Qb \quad (\text{kN}\cdot\text{mm}) \tag{3-2-15}$$

如果 $M_{防倾}^{纵}$ 或 $M_{防倾}^{横}$ 等于或小于零，说明货物重力形成的稳定力矩已足以防止货物纵向或横向倾覆，无须再采取防止货物倾覆的加固措施。

3. 防止货物滚动时，需要加固材料或装置形成的稳定力矩

圆柱形货物、球形货物以及带轮货物，如在装车后没有加固，在列车运行中或车辆在调车作业中受到冲击时，即使车辆的运行状态变化很缓慢，如缓慢起动、加速、制动，或车辆以很小的相对速度相冲击时，或者车辆经过道岔或曲线时，均可能使货物发生纵向或横向滚动。

防止货物滚动的方法通常是使用掩挡，加固方法如图 3-2-3 所示。

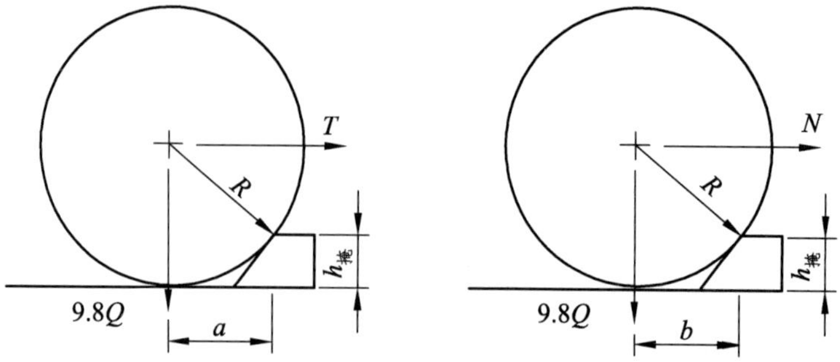

图 3-2-3　掩挡加固示意图

用掩挡加固后，货物免于滚动的条件是：

纵向　$$\eta=\frac{9.8Qa}{T(R-h_{掩})}\geqslant 1.25$$

横向　$$\eta=\frac{9.8Qb}{(N+W)(R-h_{掩})}\geqslant 1.25$$

式中　a、b——货物重心所在横向或纵向垂直平面至货物与掩挡接触点之间的距离，mm；

R——货物或轮子的半径，mm；

$h_{掩}$——掩挡实际高度，即掩挡与货物接触点自货物或车轮最低点所在水平面起算的高度，mm。

由上式可见，货物免于滚动主要取决于掩挡的高度。单独靠掩挡防止货物滚动时，确定掩挡需要高度的方法，参见本章后面的掩挡加固部分。

如果所用掩挡高度不足，则需要同时采取其他加固措施以防止货物滚动。需由其他加固措施形成的稳定力矩为：

防止货物纵向滚动时

$$M_{防滚}^{纵}=1.25T(R-h_{掩})-9.8Qa\ \ (\mathrm{kN\cdot mm}) \tag{3-2-16}$$

防止货物横向滚动时

$$M_{防滚}^{横}=1.25(N+W)(R-h_{掩})-9.8Qb\ \ (\mathrm{kN\cdot mm}) \tag{3-2-17}$$

3.2.3　主要加固方法及其加固强度

根据上面小节的分析，当需要加固材料或装置承受的纵向或横向水平力，或需要靠加固形成的纵向或横向稳定力矩大于零时，必须对货物采取加固措施。

常用的加固方法有：拉牵加固、挡木或钢挡加固、掩挡加固、腰箍加固等。对具体的货物应采取怎样的加固方法，可根据货物质量、形状，在车辆上可能发生位置或状态变化的种类和所用货车车型等有关因素确定。

一般来说，对于支承面为平面的货物，主要应防止其移动和倾覆；对于圆柱形、球形以及带轮货物，除应防止其移动之外，还应防止其滚动。

1. 拉牵加固

拉牵加固系指用拉牵绳（如多股盘条、钢丝绳或拉杆、链条等）把货物拴固在车辆上，如图 3-2-4 所示。利用拉牵绳拉力的纵向和横向水平分力来平衡货物的纵、横向惯性力，从而防止货物移动和倾覆。

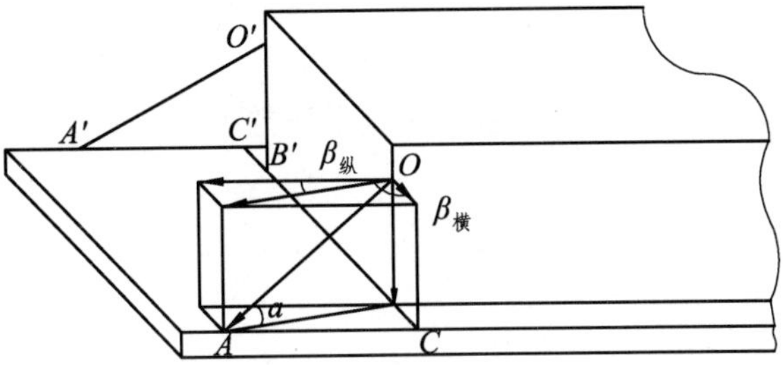

O —拉牵绳在货物上的拴结点；B —O 点在平地板上的投影；
BC —O 点所在纵向垂直平面至车边的距离；
A —拉牵绳在车辆上的拴结点。

图 3-2-4　拉牵加固示意图

图 3-2-4 中的 O 点、A 点以及 AC、BC、BO、AO 均为铁路货物拉牵加固所用的术语，其所代表的含义是不变的，以下例题中均直接使用不再图示。

拉牵加固可以分为对称拉牵和非对称拉牵两种。当货物重心落在车辆纵中心线上，拉牵绳在货物上和车辆上的拴结位置在货物重心所在纵向、横向垂直平面两侧对称时，称其为对称拉牵；否则属于非对称拉牵。本文主要介绍对称拉牵的力。

拉牵加固时每根拉牵绳应承受的力，可通过下列方法确定。

对称拉牵时，同一方向各根拉牵绳承受的拉力相等。

支重面为平面的货物，采用拉牵加固既可防止其发生纵向或横向水平移动，又可防止其发生纵向或横向倾覆。设同一方向有 n 根拉牵绳，每根应承受的拉力可按下列方法确定。

1）按防止货物纵向移动的要求确定

设为防止货物纵向移动每根拉牵绳需要承受的拉力为 $S_{纵}^{移}$，同一方向 n 根拉牵绳拉力的纵向水平分力之和应等于防止货物纵向移动需要拉牵绳承受的纵向水平力 ΔT，即

$$nS_{纵}^{移}\cos\alpha\cdot\cos\beta_{纵}=\Delta T$$

式中　α——拉牵绳与水平面的夹角；

$\beta_{纵}$——拉牵绳的水平分力与纵向垂直平面的夹角。

$$\cos\alpha = \frac{AB}{AO} \qquad \cos\beta_{纵} = \frac{AC}{AB}$$

$$S_{纵}^{移} = \frac{\Delta T}{nAC}\sqrt{AC^2 + BC^2 + BO^2} \ (\text{kN}) \tag{3-2-18}$$

2）按防止货物横向移动的要求确定

设为防止货物横向移动每根拉牵绳需要承受的拉力为 $S_{横}^{移}$，同理应要求：

$$nS_{横}^{移}\cos\alpha \cdot \cos\beta_{横} = \Delta N$$

式中　$\beta_{横}$——拉牵绳的水平分力与横向垂直平面的夹角。

$$\cos\beta_{横} = \frac{BC}{AB}$$

$$S_{横}^{移} = \frac{\Delta N}{nBC}\sqrt{AC^2 + BC^2 + BO^2} \ (\text{kN}) \tag{3-2-19}$$

3）按防止货物纵向倾覆的要求确定

设为防止货物纵向倾覆每根拉牵绳需要承受的拉力为 $S_{纵}^{倾}$，同一方向 n 根拉牵绳拉力形成的纵向稳定力矩应和需要拉牵绳形成的纵向稳定力矩 $M_{防倾}^{纵}$ 相等，即

$$2S_{纵}^{倾}\sin\alpha\sum l_{纵} + nS_{纵}^{倾}\cos\alpha\cos\beta_{纵}BO = M_{防倾}^{纵}$$

式中，$\sin\alpha = \frac{BO}{AO}, \cos\alpha = \frac{AB}{AO}, \cos\beta_{纵} = \frac{AC}{AB}$，代入上式，可得防止货物纵向倾覆每根拉牵绳需要承受的拉力：

$$S_{纵}^{倾} = \frac{M_{防倾}^{纵}}{(2\sum l_{纵} + nAC)BO}\sqrt{AC^2 + BC^2 + BO^2} \ (\text{kN}) \tag{3-2-20}$$

式中　$M_{防倾}^{纵}$——需要拉牵绳形成的防止货物纵向倾覆的稳定矩，kN·mm；

$\sum l_{纵}$——同一方向各对拉牵绳在货物上拴结点所在横向垂直平面至货物纵向倾覆点之间的距离之和，mm。

当 $n=2$ 时　$\sum l_{纵} = l_{纵1}$

当 $n=4$ 时　$\sum l_{纵} = l_{纵1} + l_{纵2}$

当 $n=6$ 时　$\sum l_{纵} = l_{纵1} + l_{纵2} + l_{纵3}$

式中　$l_{纵1}$、$l_{纵2}$、$l_{纵3}$——第一、第二和第三对拉牵绳在货物上拴结点所在横向垂直平面至货物纵向倾覆点之间的距离，mm。

4）按防止货物横向倾覆的要求确定

设为防止货物横向倾覆每根拉牵绳需要承受的拉力为$S_{横}^{倾}$，则同一方向n根拉牵绳拉力形成的横向稳定力矩应和需要拉牵绳形成的横向稳定力矩$M_{防倾}^{横}$相等，即

$$nS_{横}^{倾}\sin\alpha\cdot l_{横}+nS_{横}^{倾}\cos\alpha\cdot\cos\beta_{横}\cdot BO=M_{防倾}^{横}$$

可得防止货物横向倾覆每根拉牵绳需要承受的拉力：

$$S_{横}^{倾}=\frac{M_{防倾}^{横}}{n(l_{横}+BC)BO}\sqrt{AC^2+BC^2+BO^2}\ （\mathrm{kN}）\tag{3-2-21}$$

式中　$l_{横}$——横向同一方向拉牵绳在货物上拴结点所在纵向垂直平面至货物横向倾覆点之间的距离，mm。

为使拉牵绳既能防止货物纵向和横向移动，又能防止货物纵向和横向倾覆，每根拉牵绳能够承受的拉力应为：

$$S\geqslant\max\left\{S_{纵}^{移},\ S_{横}^{移},\ S_{纵}^{倾},S_{横}^{倾}\right\}$$

选用钢丝绳拉牵时，所用钢丝绳的破断拉力不得小于$2S$。

选用多股镀锌铁线或盘条拉牵时，每根拉牵绳需要股数为：

$$n=\frac{S}{0.9P_{许}}\ （股）$$

式中　$P_{许}$——股镀锌铁线或盘条的许用拉力。

选用圆钢或管钢作拉杆时，钢材的截面积可按下式计算

$$F=\frac{10S}{[\sigma]}\quad(\mathrm{cm}^2)$$

式中　$[\sigma]$——钢材的许用应力，MPa。

2. 挡木或钢挡加固

对于平支承面货物，可以采用在其周围加挡木或钢挡的方法，防止其发生移动。

平支承面货物用木地板平车装载时，可以在其两端和两侧加挡木或钢挡防止货物移动，如图 3-2-5 所示。

挡木或钢挡用钉子或扒锔固定在车地板上，其加固强度取决于车地板对钉子或扒锔的握裹力和每个挡木或钢挡上所钉的钉子数量。固定每个挡木或钢挡需要的钉子或扒锔子的数量K，可按下式计算：

防止货物纵向移动时

$$K=\frac{\Delta T}{nS_{钉}}\ （个）\tag{3-2-22}$$

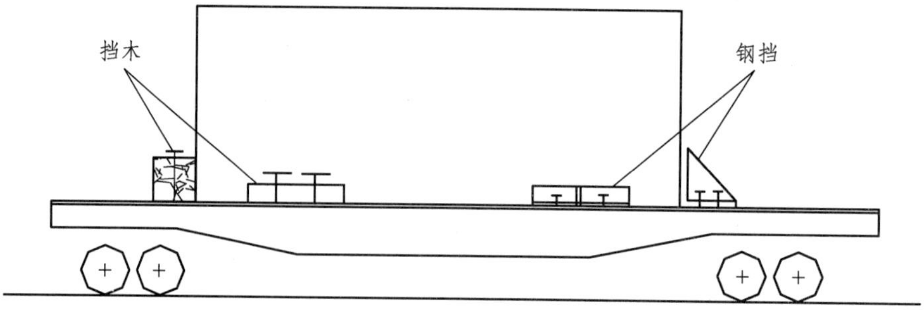

图 3-2-5　阻挡加固示意图

防止货物横向移动时

$$K=\frac{\Delta N}{nS_{钉}}\text{（个）} \tag{3-2-23}$$

式中　n——货物同一端（侧）挡木或钢挡的数量，个；

$S_{钉}$——车地板对每个钉子或扒锔的握裹力，kN。

用挡木或钢挡加固时，挡木或钢挡的高度不宜过大，否则受力后容易翻倒；钉子的长度应保证能将车地板接近钉透，直径不宜过小，以争取有较大的握裹力，如果车地板损坏严重或朽蚀，则不应采用阻挡加固；由于挡木或钢挡与车地板的联结强度不大，重量较大的货物（ΔT、ΔN 较大）不宜选择阻挡加固。

用铁地板长大货物车装运的货物，可以采用在货物周围加焊钢挡的方法防止货物移动。在货物同一端或同一侧加焊钢挡的数量，取决于需要钢挡承受的力 ΔT或ΔN，在同一端（或一侧）可以加焊一个、两个或三、四个钢挡。钢挡的加固强度取决于钢挡与车地板间的焊缝长度。

同一端（或一侧）加焊 n 个钢挡时，每个钢挡需要的焊缝长度可按下式确定：

纵向
$$l_{纵}=\frac{10\Delta T}{0.7nK[\tau]}\text{（cm）} \tag{3-2-24}$$

横向
$$l_{横}=\frac{10\Delta N}{0.7nK[\tau]}\text{（cm）} \tag{3-2-25}$$

式中　K——焊脚高度，cm；

$[\tau]$——焊缝的许用剪切应力，MPa，一般取 60 ~ 70 MPa。

3. 掩挡加固

圆柱形、球形货物和轮式货物，可以采取加掩挡的办法防止其滚动。掩挡包括三角挡（木制、铁制、铁塑制等）木掩、钢掩、轮挡（木制或铁制）等，既可以单独使用，也可以配合其他加固方法使用。

单独使用掩挡防止圆柱形、球形货物和轮式货物滚动的加固方法如图 2-2-6 所示。加固的效果主要取决于掩挡的高度 $h_{掩}$。

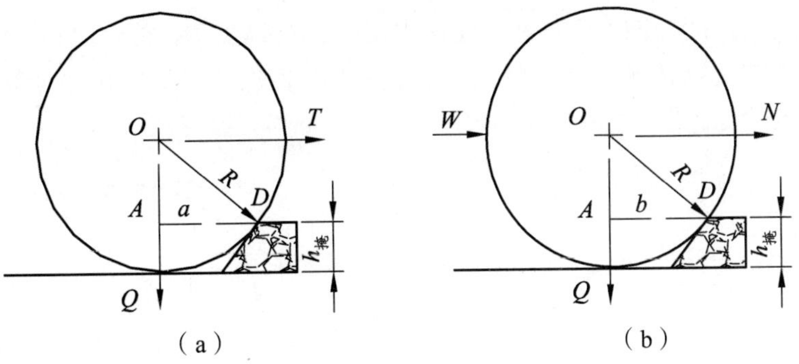

图 3-2-6　掩挡加固示意图

单独使用掩挡防止圆柱形、球形货物和轮式货物纵向滚动时，掩挡的需要高度为：

$$h_{掩} \geqslant (0.3744 - 0.0018Q_{总})D \text{（mm）} \quad (3\text{-}2\text{-}26)$$

式中　$Q_{总}$——重车总重，t；

D——货物的直径或轮径，mm。

单独使用掩挡防止圆柱形、球形货物以及轮式货物横向滚动时，掩挡的需要高度为：

$$h_{掩} \geqslant 0.08D \text{（mm）} \quad (3\text{-}2\text{-}27)$$

掩挡常用于配合腰箍使用，以防止货物发生横向滚动。在实际工作中，如果掩挡的高度低于防止货物滚动要求的高度时，可以同时使用腰箍加固。

轮式货物，如汽车、拖拉机及其他带轮机械，多采用三角挡或轮挡加固。如果车辆或机械没有走行驱动装置，无法挂挡（如拖车），也不能进行可靠的制动，需要单独靠三角挡或轮挡防止其滚动时，应在每个轮子前后都加三角挡或轮挡；若同时采用拉牵加固，可只在前轮之前和后轮之后加三角挡或轮挡。如果带轮车辆或机械可以挂挡并进行可靠的制动，其在平车上不可能发生滚动，相当于平支承面的货物，常用的方法是在采用拉牵加固的同时，使用三角挡或轮挡。在这种情况下，三角挡或轮挡只起挡木的作用，只有制动失效时，才起掩挡的作用。

掩挡的高度系指掩挡与货物接触点自货物底部（最低处）所在水平面起算的高度。不少圆柱形货物自身带有鞍座，鞍座口深度相当于掩挡高度。有时圆柱形货物下加有垫木，在垫木上开有鞍形切口，同时加有掩挡，如图 3-2-7 所示。在这种情况下，鞍形切口与所加掩挡共同起防止货物滚动的作用。如果鞍形切口深度不小于掩挡的需要高度，可以不使用掩挡；当然，如掩挡高度符合要求，则无须在横垫木上挖鞍形切口。

采用掩挡加固时，须注意下列事项：

（1）掩挡高度及其与货物接触点由货物或车轮最低点所在水平面起算的高度，必须符合要求。这就要求掩挡掩面（与货物接触的一面）的倾斜度须符合要求。在图 3-2-7 中，由掩挡的掩面与货物接触（相切）点 D 引铅垂直线，与掩挡底边和掩面形成△BCD，该三角形的底边长度 l 应保证掩面与货物的切点 D 的高度 DC 符合掩挡的需要高度。l 过长时，掩面与货物接触点高度将变小，l 过小时，掩挡与货物接触点受力后容易损伤，而且稳定性也较差。

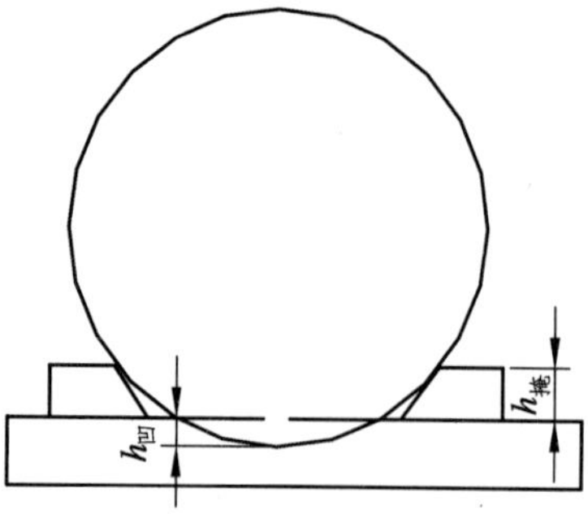

图 3-2-7　鞍形切口示意图

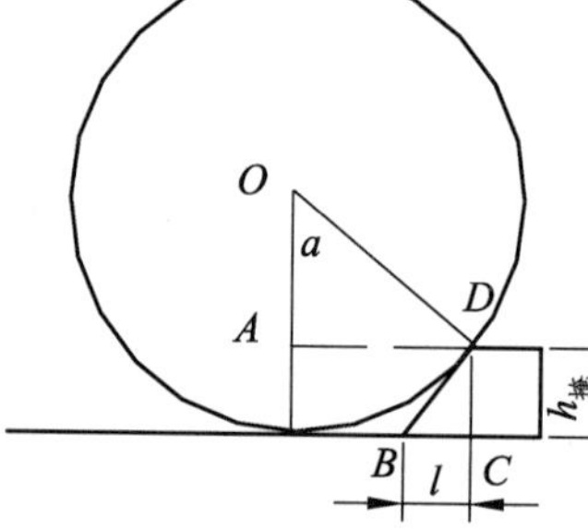

图 3-2-8　掩挡掩面倾斜度示意图

（2）掩挡与车地板或垫木的联结强度必须足以防止其自身不会移动或倾覆。

大型圆柱体货物使用的掩挡多固定在垫木上，每个掩挡一般用两个螺栓固定，如图 3-2-8 所示。

螺栓的直径 d 可按下式计算：

防止货物纵向滚动时

$$d \geqslant \sqrt{\frac{20\Delta T}{n\pi[\tau]}}\ (\mathrm{cm})$$

防止货物横向滚动时

$$d \geqslant \sqrt{\frac{20\Delta N}{n\pi[\tau]}}\ (\mathrm{cm})$$

式中　n——同一方向的掩挡数量。

（3）掩挡仅可以阻止货物向掩垫的方向滚动和移动，对于顺装的圆柱形货物（横向掩挡）和横装的圆柱形货物（纵向掩挡），在货物的轴向并未进行加固，为了保证运输安全应同时采用其他加固方法防止货物沿其轴向移动。

4. 腰箍加固

使用钢丝绳、钢带等加固材料从货物上部把货物下压捆绑（箍）在车辆上的加固，称为腰箍加固或横腰箍加固，如图 3-2-9 所示。

腰箍加固的基本原理是利用腰箍的拉力增大货物对车地板（或支座）的压力，从而增大货物与车地板或支座间的摩擦力，防止货物移动。

腰箍多用以加固顺装的圆柱体货物，如果圆柱形货物的掩挡高度（或鞍座凹口深）小于要求，不足以防止货物滚动时，必须要求腰箍拉力达到一定数值，方可防止货物发生横向滚动；同时，腰箍拉力达到一定数值时也可以防止货物发生纵向移动。

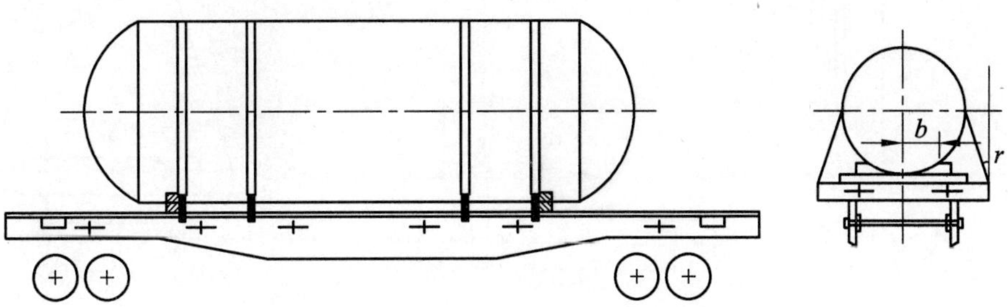

图 3-2-9　圆柱形货物腰箍加固示意图

当使用 n 道腰箍时，每道腰箍应承受的拉力 $P_{移}$ 可按下式确定：

防止货物移动时

$$P_{移}=\frac{\max\{\Delta T,\ \Delta N\}}{2n\mu\cos\gamma}\ (\mathrm{kN}) \tag{3-2-28}$$

防止货物滚动时

$$P_{滚}=\frac{1.25(N+W)(R-h_{掩}-h_{凹})-9.8Qb}{2nb\cos\gamma}\ (\mathrm{kN}) \tag{3-2-29}$$

想要既防止货物移动，又防止滚动，每道腰箍应承受的拉力

$$P\geqslant\max\{P_{移},P_{滚}\}\ (\mathrm{kN})$$

式中　μ——货物与垫木、垫木与车地板或货物与车地板间的摩擦系数，取其较小者；

n——腰箍的道数；

$h_{掩}$——掩木或三角挡与货物接触点的高度，mm；

R——货物的半径，mm；

$h_{凹}$——横垫木或鞍座凹部深度，mm；

Q——货物重量，t；

b——货物重心所在纵向垂直平面至货物与掩木或三角挡接触点之间的距离，mm；

γ——腰箍两端拉直部分与车辆纵向垂直平面间的夹角。

用钢带作腰箍时，扁钢带的截面积 F 应满足下式要求：

$$F\geqslant\frac{10P}{[\sigma]}\ (\mathrm{cm}^2)$$

式中　$[\sigma]$——钢带的许用应力，MPa。

用钢丝绳做腰箍时，其破断抗拉力不得小于 $2P$。

方形货物也可以采用腰箍加固，如图 3-2-10 所示，用以防止货物移动或倾覆。

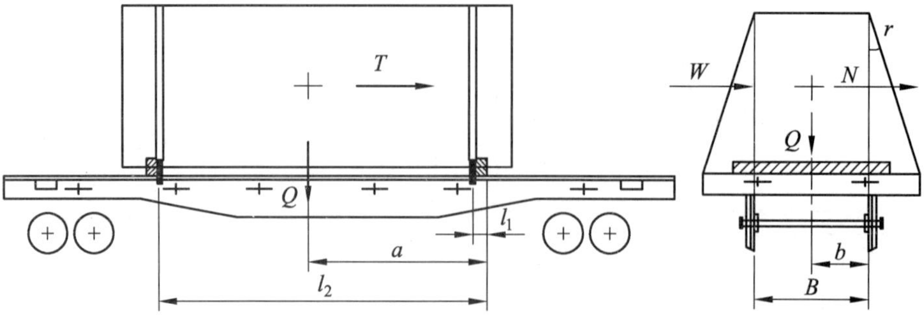

图 3-2-10　方形货物腰箍加固示意图

每道腰箍应承受的力，可按下式确定：

防止货物移动

$$P_1=\frac{\max\{\Delta T,\ \Delta N\}}{2n\mu\cos\gamma}\ (\text{kN}) \tag{3-2-30}$$

防止货物纵向倾覆

$$P_2=\frac{1.25Th-9.8Qa}{2(l_1+l_2+\cdots+l_n)\cos\gamma}\ (\text{kN}) \tag{3-2-31}$$

防止货物横向倾覆

$$P_3=\frac{1.25(Nh+Wh_{风})-9.8Qb}{nB\cos\gamma}\ (\text{kN}) \tag{3-2-32}$$

既防止货物移动，又防止其倾覆，每道腰箍应承受的拉力

$$P\geqslant\max\{P_1,P_2,P_3\}\ (\text{kN})$$

式中　n——腰箍的道数；

$l_1,\cdots,l_n$——各道腰箍所在横向垂直平面至货物纵向倾覆点间的距离，mm；

B——腰箍拉力的垂直分力所在纵向垂直平面至货物横向倾覆点之间的距离，mm；

a,b——货物重力的稳定力臂，mm。

采用腰箍加固时，应注意下列事项：

（1）货物必须能够承受腰箍的压力。木箱包装的货物，外壳较薄易于损坏的物体，不宜采用腰箍加固。

（2）腰箍紧固部件（如张紧螺栓、正反扣螺栓、紧线器等）的强度，必须与腰箍的强度匹配。

（3）加固时腰箍的拉力（张紧力）必须达到要求的程度，即不小于 P。

（4）怕磨损的货物使用腰箍加固时，应在腰箍和货物间加防护衬垫。

复习思考题

1. 装载加固的技术要求是什么？
2. 加固的方法有哪些？
3. 常见的加固材料有哪些？
4. 超长货物的装载技术要求是什么？
5. 什么是集重货物？

第4章 货物运输组织实验设备及耗材

4.1 实验设备简介

4.1.1 包装检测设备

1. 气液密试验检测设备

包装容器气液密试验设备用于测试包装容器对气体或液体的密封性能。设备由空气压缩机、触摸式控制面板、连接管道及接口件等构成，包装气-液密检测系统见图4-1-1。

图4-1-1　包装气-液密检测系统

2. 运输包装件堆码试验检测设备

运输包装件堆码试验用于评定运输包装件在堆码时的耐压强度和对内装物的保护能力。其方法是将被测试验包装件平放在一水平台面上，并在其上表面施加规定均匀载荷，观察一定时间内包装件是否发生引起堆码不稳定的任何变形或破损。

检测设备：使用标准砝码，没有标准砝码时，可以用电脑测控抗压试验机代替（见图 4-1-2）。

由于塑料材质受热后会变软，因此塑料桶的堆码试验需要能控制温度的高温堆码试验机。

标准砝码

电脑测控压力试验机

高温堆码试验机

图 4-1-2　运输包装件堆码试验检测设备

3. 包装件跌落试验检测设备

跌落试验机集成支撑、抬举、释放控制等功能，可对质量较小的包装件进行跌落试验，凭借其辅助支撑可对包装桶进行 5 点、6 点及 5～6 线跌落，对包装箱进行角跌落和楞跌落。包装件跌落试验用于评定运输包装件在受到垂直冲击时的耐冲击强度及包装对内装物的保护能力。其方法是将试验包装样品提升至预定高度，使其按预定状态自由跌落，与冲击台面相撞，然后检查内装物是否损坏或撒漏，用以判断包装容器的质量是否满足安全运输和储存的要求。

检测设备：跌落试验机（见图 4-1-3）。

图 4-1-3　跌落试验机

4. 斜面冲击试验检测设备

斜面冲击试验机用于模拟包装件在实际环境中抗水平冲击的能力，如铁路货车连挂、启动制动等形成的纵向冲击，斜面冲击试验运用物体的势能转化为动能的原理，将包装件按预定位置滑行至末端时获得一定的冲击速度与一个和速度方向垂直的冲击板碰撞，以达到预定的试验目的。

检测设备：斜面冲击试验机（见图 4-1-4）。

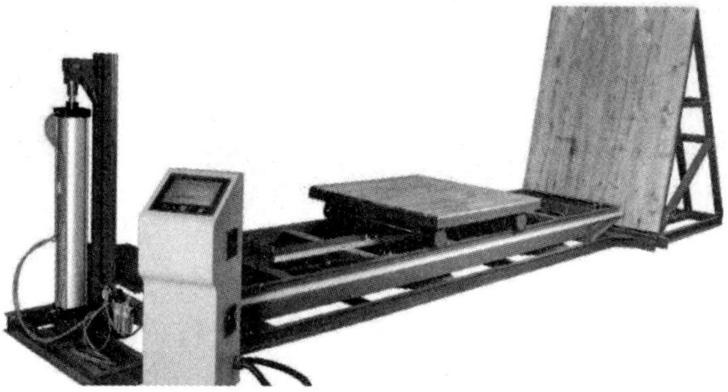

（a）

（b）

图 4-1-4　斜面冲击试验机

5. 包装材料力学性能检测设备

材料试验机用于金属、橡胶、塑料、纺织物、防水材料、电线电缆等材料或产品的拉伸、压缩、弯曲、剪切、撕裂等力学性能的测试。材料力学试验是用于检测包装材料的力学性能，即通过测定包装材料的拉伸、压缩、弯曲、剥离、刺破等试验来判断包装材料的质量好坏。其方法是按照标准要求在样品包装上取规定尺寸大小和数量的材料样品，在材料力学试验机上通过设定所需参数进行试验，并对获得的样品力学性能变化曲线、位移和力值等结果进行分析，以判定包装材料的力学性能是否合格。

检测设备：材料力学试验机（见图 4-1-5）。

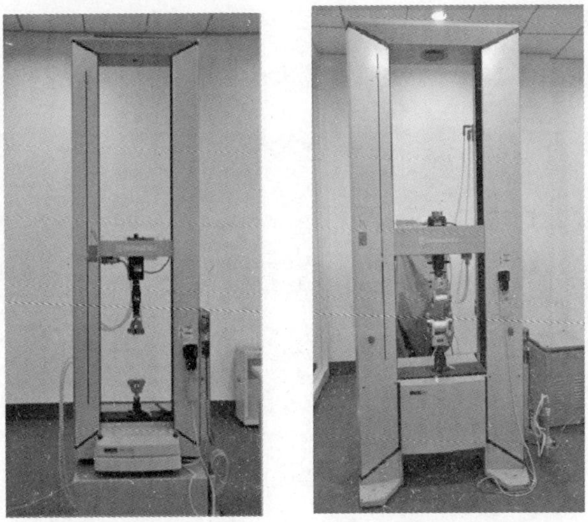

AG-X10KN型材料试验机　　**AG-X100KN型材料试验机**

图 4-1-5　材料力学试验机

6. 跌落冲击台面

冲击台面（见图 4-1-6）要符合《包装 运输包装件 跌落试验方法》（GB/T 4857.5）要求，即：

（1）冲击台面为水平平面，实验时不移动，不变形。

（2）为整块物体，质量至少为实验样品质量的 50 倍。

（3）冲击台面上任意两点的水平高度差不得超过 2 mm。

（4）要有足够大的面积，以保证实验样品完全落在冲击台面上。

（5）冲击台面上任何 100 mm^2 的面积上施加 10 kg 的静载荷时，其变形量不得超过 0.1 mm。

图 4-1-6　跌落冲击台面

7. 单梁起重机

单梁起重机（见图 4-1-7）可对质量较大的试验样品进行提升、移动。

图 4-1-7　单梁起重机

8. 人工模拟环境系统（步入式）

人工模拟环境系统（见图 4-1-8）是在一定空间内模拟一种或多种气候条件状态，可进行各种工业材料、工程试件的高温干燥试验、低温冻融试验、湿热寒潮试验、高低温交变循环试验、温湿交变循环试验、盐雾试验、淋雨试验、光照试验、盐类或化学物质浸蚀试验的智能环境模拟测试系统。塑料箱、塑料桶、塑料罐、塑料材料复合包装、钢塑复合桶、钙塑瓦楞纸箱类样品跌落试验前需低温预处理，堆码试验需在高温环境下进行，该系统可对上述试验样品进行温湿度调节。

图 4-1-8　人工模拟环境试验系统

9. 恒温恒湿试验箱

恒温恒湿试验箱（见图 4-1-9）是航空、汽车、家电、科研等领域必备的测试设备，用于测试和确定电工、电子及其他产品和材料进行高温、低温、交变湿热度或恒定试验的温度环境变化后的参数及性能。瓦楞纸箱、纤维板箱、胶合板箱、硬纸板箱（桶）纸袋类样品试验前应置于相对湿度 65% ± 2%和温度 20 °C ± 2 °C 的环境中至少 24 h 预处理，恒温恒湿试验箱可对上述试验样品进行预处理。

图 4-1-9　恒温恒湿试验箱

10. 电脑伺服抗压试验机

电脑伺服抗压试验机（见图 4-1-10）是检验纸箱或其他包装容器耐压强度最直接的测试仪器，用于判定纸箱的空箱抗压能力，并可做持压堆码的测试。

图 4-1-10　电脑伺服抗压试验机

11. 电动振动试验系统

电动振动试验系统（见图 4-1-11）广泛应用于国防、航空航天、通信、电子、汽车、家电等领域，模拟实际工况考核和结构强度试验，以发现早期故障，一般能完成三轴向的正弦振动试验、宽带随机振动试验以及经典脉冲和冲击响应谱试验。在运输包装检测领域，电动振动试验系统用以模拟运输包装件处于堆码状态下受到的振动影响，考察包装对内装物的保护能力。试验时将样品置于振动台上，使用正弦定频、正弦变频或随机频率使其产生振动。试验时的温湿度条件、试验持续时间、最大加速度、试验样品放置状态及固定方法皆为预定的，必要时可在试验样品上添加一定载荷。

图 4-1-11　电动振动试验系统

4.1.2　危险货物性质检测实验设备

1. 喷雾气雾剂封闭空间试验仪

喷雾气雾剂封闭空间试验仪（见图 4-1-12）用于评估气雾剂在封闭或受限制的空间内的易燃性，仪器由显示控制部分、检测系统两部分组成，检测系统主体为圆柱形容器，内置高精度光敏传感器与热电偶传感器来自动判断是否发生爆燃。

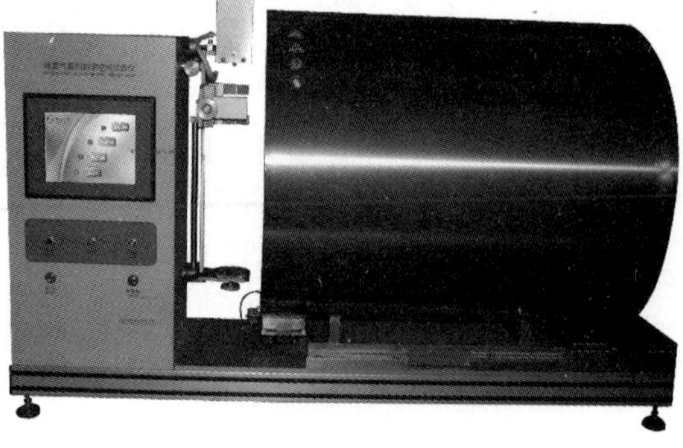

图 4-1-12　喷雾气雾剂封闭空间试验仪

2. 闪点仪

闪点仪（见图 4-1-13）是用来分析易燃液体在规定条件下，加热到蒸汽与火焰接触发生瞬间闪火时的最低温度的仪器。可分为开口闪点仪和闭口闪点仪。

图 4-1-13　闭口闪点仪

4.1.3　装载加固实验设备

装载加固所用设备主要是车辆模型及集装箱模型，是按照 1∶20 比例做的缩小模型。在车辆类型方面，按用途不同，货车可分为通用货车、专用货车和特种货车。按载重量不同，货车可分为 60 t、70 t、80 t、90 t 等多种。按轴数不同，可分为四轴、六轴以及多轴车。

本实验中用到的车型有棚车，敞车，平车。棚车是有顶棚、侧墙、端墙、地板和车窗的铁路货车。主要用于装运贵重器材及怕日晒、怕潮湿的货物。

敞车是指具有端墙、侧墙、地板而无车顶的货车。敞车主要运送煤炭、矿石、矿建物资、木材、钢材等大宗货物，也可用来运送质量不大的机械设备。

平车车体为一平板，主要运送钢材、木材、汽车、机械设备等体积或质量较大的货物，也可借助集装箱装运其他货物。

集装箱是专供周转使用、便于机械作业和运输，且具有一定强度和刚度的大型货物容器，也称为货柜，集装箱可以分别按用途、结构、材质和总重等进行分类。

现行的集装箱国际标准为第一系列共 4 种规格、13 种箱型，如表 4-1-1 所示。

表 4-1-1　国际标准集装箱规格尺寸和总重量

规格	集装箱箱型	长度		宽度		高度		最大总重量	
		mm	ft	mm	ft	mm	ft	kg	lb
40ft	1AAA	12 192	40	2 438	8	2 896	9	30 480	67 200
	1AA					2 591	8		
	1A					2 438	8		
	1AX					<2 438	<8		
30ft	1AAA	9 125	29	2 438	8	2 896	9	25 400	56 000
	1AA					2 591	8		
	1A					2 438	8		
	1AX					<2 438	<8		
20ft	1CC	6 058	19	2 438	8	2 591	8	24 000	52 920
	1C					2 438	8		
	1CX					<2 438	<8		
10ft	1D	2 991	9	2 438	8	2 438	8	10 160	22 400
	1DX					<2 438	<8		

注：ft 即英尺，1 m = 3.280 839 9 ft，1 lb = 0.453 kg

棚车敞车平车及通用集装箱如图 4-1-14 ~ 4-1-17 所示。

图 4-1-14　棚车

图 4-1-15 敞车

图 4-1-16 平车

图 4-1-17 集装箱

4.2 实验所需耗材

4.2.1 包装检测实验耗材

1. 包装桶实验耗材

1）钢桶

钢桶是传统容器之一，在传统容器中占有很重要的地位。钢桶从暂时贮存内装物品的机能演变到今天的工业包装、销售包装、运输包装等，给人类的工作和生活带来了很大的变革和进步，如图 4-2-1 所示。

图 4-2-1 钢桶

钢桶有以下特性：

（1）钢桶的机械性能优良、强度高，因此钢桶容器可以制成薄壁、耐压强度高，不易破损的包装容器。这样使得包装产品的安全性有了保障，并便于贮存、运输、装卸和使用。

（2）钢桶的加工性能优良，加工工艺成熟，能连续化、自动化生产。钢桶具有很好的延展性和强度，可以轧成各种厚度的板材、箔材，板材可以进行冲压、轧制、拉伸、焊接从而制成形状大小不同的包装容器。

（3）钢桶具有极优良的综合防护性能。钢材的水蒸气透过率很低，不透光，能有效地避免紫外线的有害影响。其阻气性、防潮性、遮光性和保质性大大超过了塑料、纸等其他类型的材类。因此钢桶能长时间保持商品的质量，这点对于食品包装来说是尤其重要的。

（4）钢桶具有特殊的金属光泽，也易于印刷装饰，这样可使商品美观适销。

2）塑料罐

塑料罐具有无焊接，不渗漏，无毒性，重量轻等优点，塑料罐能储存绝大多数无机酸，碱、盐类溶液和部分有机溶剂，如图 4-2-2 所示。

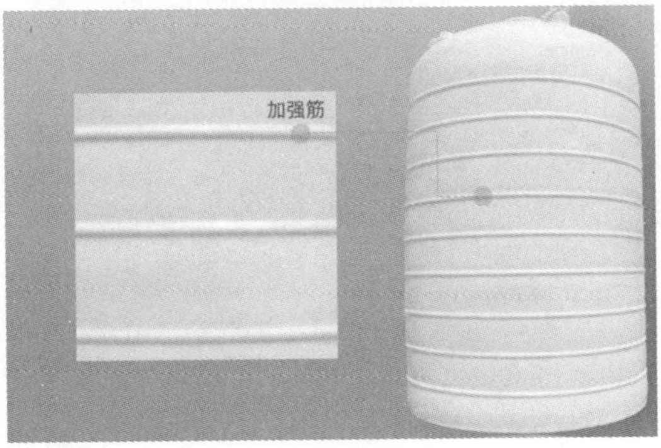

图 4-2-2　塑料罐

2. 包装箱实验耗材

对于贵重品、精密产品、易碎品、流质品、小五金、机械零件、仪器、金属制品、重制品以及散落容易丢失的物品等，使用木箱或者其他硬质包装（木箱及其他硬质包装包括全木箱、木架箱、木格箱、胶合板箱、纤维板箱、刨花板箱、硬质塑料箱等），如图 4-2-3 和 4-2-4 所示。

图 4-2-3　全木箱

图 4-2-4　木架箱

家用电器、日用百货、录音带、针织品、服装、药品、烟、酒、饮料、塑料制品、各种零散物品一般采用纸箱包装。纸箱的质量必须坚韧，能承受所装物品的重量，如图 4-2-5 所示。

图 4-2-5　纸箱

3. 包装袋实验耗材

种子、颗粒状的货品可使用袋包装，布匹、毛线类、纺织类、棉胎类、行李卷类以及不怕挤压的物品，使用包（包括麻袋、布包、化纤布包、纸包）或袋（包括麻袋、布袋化纤纺织袋）包装，如图 4-2-6 和 4-2-7 所示。

图 4-2-6　编织袋

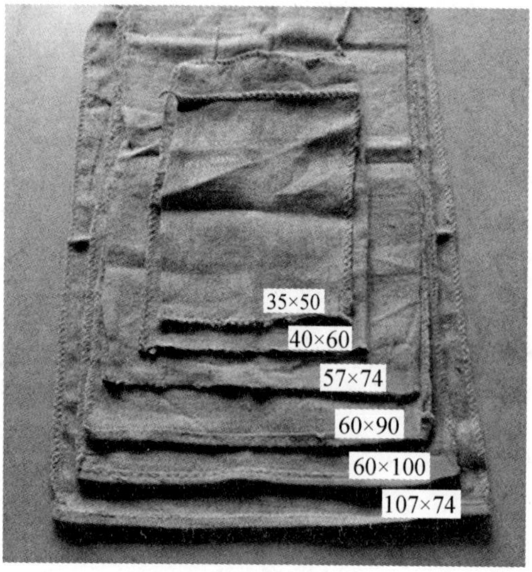

图 4-2-7　麻袋

4.2.2 危险货物性质实验耗材

1. 危险货物特性实验耗材

本实验分别选取具有氧化、易燃、毒害和腐蚀特性的危险货物典型代表进行实验，以了解其危险特性。

主要有以下实验耗材：

过氧化钠、溴酸钾、苦味酸（含水≥30%）硫粉、氯酸钾、浓盐酸、硫酸、氢氧化钠、铁钉、铝片、纤维素丝。

2. 运输过程中外部因素对危险货物影响实验耗材

本实验选择实验室安全可控的易爆物（液化丁烷、粉尘）、氧化性对比（溴酸钾与纤维素、红磷与氯酸钾混合与分开对比实验、氯酸钾+白糖+浓硫酸的条件对比实验）、易燃物与氧化剂包覆燃烧条件实验（脱脂棉、过氧化钠）、毒性实验系统（硫化亚铁、稀硫酸、实验用小白鼠）、腐蚀性（浓硫酸、有机组织-鸡爪、脱脂棉）等系列为实验对象。通过实验，学习并掌握危险货物的特性，熟悉在运输过程中发生的包装破损、遇水、摩擦或遇酸等情况对危险货物特性带来的影响。使学生能够针对运输中可能遇到的各种外部因素，确定不同危险货物的运输条件，减少或避免危险事故的发生。

主要有以下耗材：

丁烷气罐、蜡烛、淀粉、脱脂棉、过氧化钠、溴酸钾、纤维素丝、氯酸钾、红磷、白糖、浓硫酸、硫化亚铁、稀硫酸、实验用小白鼠、鸡爪。

3. 易燃液体闭口（杯）闪点的测定

通过对易燃液体样品闭口（杯）闪点的测定，确定其易燃等级，为相应的运输包装要求提供数据支持。

主要有以下耗材：

乙醇、正丁醇和松油醇各 10 mL。

4.2.3 装载加固实验耗材

1. 拉牵材料

1）钢丝绳和钢丝绳夹

钢丝绳和钢丝绳夹的质量应分别符合国家标准《一般用途钢丝绳吊索特性和技术条件》（GB/T 16762）和《钢丝绳夹》（GB/T 5976）的要求。

钢丝绳的型号规格较多，为便于现场掌握和操作，以公称抗拉强度 1 670 N/mm^2 的 $6\times19_{(b)}(1+6+12)$ 型钢丝绳为例，列出常用钢丝绳直径及其相应的最小破断拉力和许用拉力，具体见表 4-2-1。

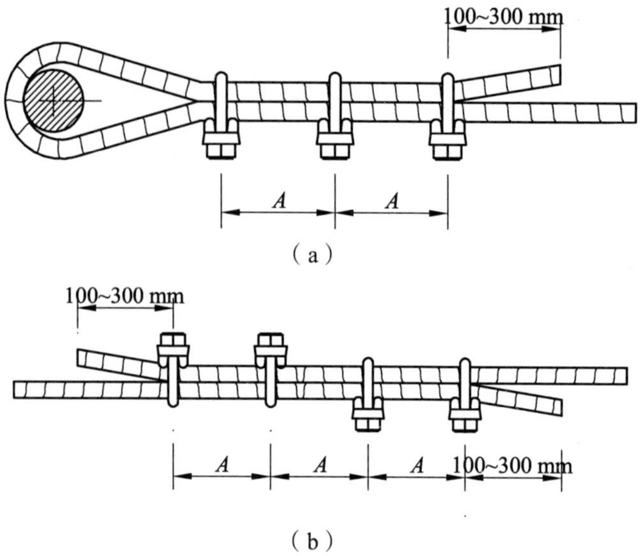

图 4-2-8　钢丝绳和钢丝绳夹

表 4-2-1　公称抗拉强度 1 670 N/mm^2 规格的 $6\times19_{(b)}(1+6+12)$ 钢丝绳的最小破断拉力和许用拉力

钢丝绳直径/mm	6	7	7.7	8	9	9.3	10	11	12	12.5	13
最小破断拉力/kN	18.5	25.1	31.7	32.8	41.6	45.6	51.3	62	73.8	81.04	86.6
许用拉力/kN	9.25	12.55	15.85	16.4	20.8	22.8	25.65	31	36.9	40.52	43.3
钢丝绳直径/mm	14	15.5	16	17	18	18.5	20	22	24	26	28
最小破断拉力/kN	100	126.6	131	153.27	166	182.37	205	248	295	346	402
许用拉力/kN	50	63.3	65.5	76.63	83	91.18	102.5	124	147.5	173	201

实际使用时，钢丝绳的破断拉力应以产品标签上的数据为准，许用拉力取其破断拉力的 1/2。

2）镀锌铁线

镀锌铁线可用于拉牵加固和捆绑，质量应符合国家标准《一般用途低碳钢丝》（YB/T 5294）的要求。

镀锌铁线和盘条的破断拉力均以产品标签上的数据为准，许用拉力取其破断拉力的 1/2。常用镀锌铁线和盘条的破断拉力和许用拉力见表 4-2-2。

表 4-2-2　常用镀锌铁线的破断拉力和许用拉力

线号	6	7	8	9	10	11	12
直径/mm	5	4.5	4	3.5	3.2	2.9	2.6
破断拉力/kN	6.7	5.4	4.3	3.29	2.75	2.26	1.82
许用拉力/kN	3.35	2.7	2.15	1.64	1.37	1.13	0.91

3）盘条

盘条可用于拉牵加固和整体捆绑，质量应符合国家标准《低碳钢热轧圆盘条》（GB/T 701）的要求。常用盘条直径为：5.5 mm、6.0 mm、6.5 mm。常见盘条的破断拉力应以产品标签上的数据为准，许用拉力取其破断拉力的 1/2。常用盘条的破断拉力和许用拉力见表 4-2-3。

表 4-2-3　常用盘条的破断拉力和许用拉力

直径/mm	5.5	6	6.5
破断拉力/kN	7.96	9.47	11.12
许用拉力/kN	3.98	4.73	5.56

4）绳索

绳索的破断拉力不得小于 7.84 kN，加固轻浮货物时其破断拉力不得小于 2.94 kN，绳索 80%破断拉力时的伸长率不大于 15。

绳索应使用优质棕、麻制作或用抗拉强度和伸长率符合要求的尼龙丝等材料制作。

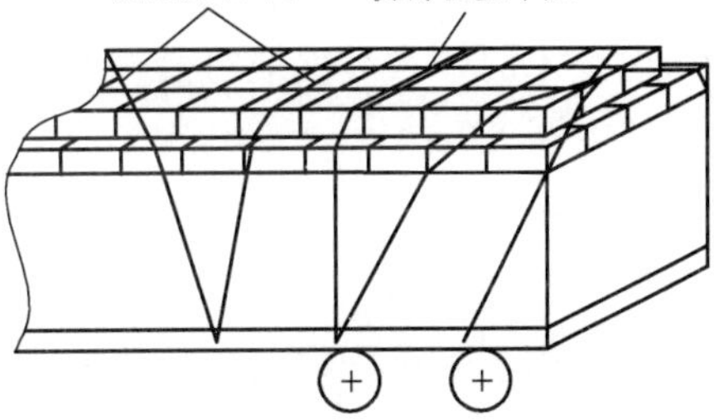

图 4-2-9　绳索下压捆绑示意

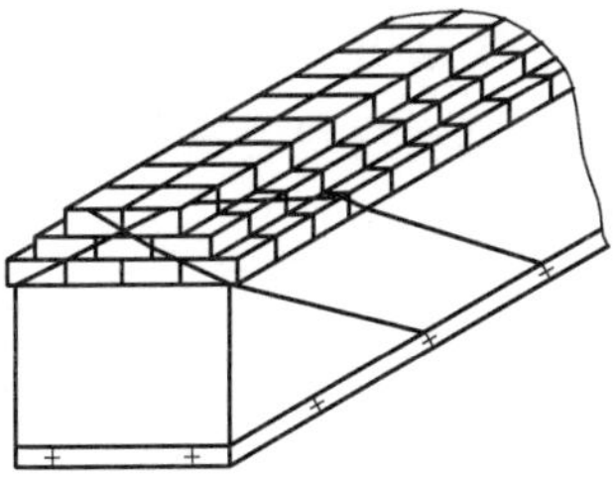

图 4-2-10　绳索单交叉捆绑示意

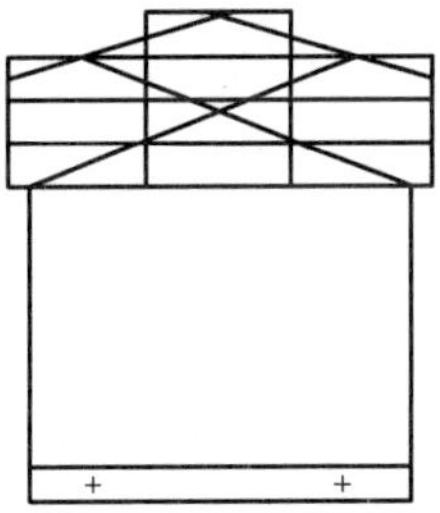

图 4-2-11　绳索双交叉捆绑示意

2. 衬垫材料

衬垫材料主要用于支承货物并起防滑作用，既可置于货物与车地板间，也可置于货物层间。衬垫材料按照材质不同可分为木制衬垫材料、稻草制品衬垫材料以及橡胶垫等。

1）木制衬垫材料

木制衬垫材料包括垫木和隔木。垫木用于支承货物并将其质量合理分布在车地板上，分为横垫木和纵垫木两种。隔木是货物分层装载时，铺垫在货物层间用于防止货物滑动的加固材料。垫木、隔木的常用规格尺寸见表 4-2-4。

表 4-2-4　垫木和隔木的常用规格尺寸

名称	规格尺寸/mm			要求
	长	宽	高	
横垫木	2 700～3 000	150	140	装载超长货物时横垫木的高度根据突出车端长度计算确定
纵垫木	—	150	140	长度不得小于横垫木的间距
隔木	—	100	35	长度不得小于货物的装载宽度

表 3-2-4 规定的规格如不能适应所装货物需要，可根据需要确定。垫木的宽度不得小于高度，横垫木和隔木的长度一般不应小于货物装载宽度，但不大于车辆的宽度。

横垫木铺垫于车地板与货物间，避免集重装载时，其铺垫位置应满足相关要求，一车负重装载超长货物时，横垫木的最小高度应符合规定。

2）稻草制品衬垫材料

稻草制品衬垫材料包括条形草支垫、稻草绳把和稻草垫，既可置于货物与车地板间，也可置于货物层间，仅限一次性使用。

条形草支垫和稻草绳把既可用于支承货物，也可用于防滑，稻草垫只用于防滑。稻草制品衬垫材料用于支承货物和防滑时，压实后高度不得小于 40 mm；仅用于防滑时，压实后厚度不得小于 10 mm。

条形草支垫和稻草绳把的长度应保证装车后每端露出货物边缘不小于 100 mm（货物宽度与货车内宽接近时除外）。铺垫稻草垫时，其露出货物边缘四周的裕量不得小于 100 mm（货物宽度与货车内宽接近时除外）。

为避免稻草制品衬垫材料由于焦糊、燃烧造成失效，应对稻草制品采取阻燃措施，并严格控制货物装车时的温度。

3）橡胶垫

橡胶垫可用作衬垫、防滑材料，一般置于货物与车地板间或货物层间，要求抗压强度高、硬度适中。橡胶垫还可用于防磨和缓冲。用作防磨材料时，置于拉牵加固材料与货物、车辆棱角接触处，要求扯断强度高。用作缓冲材料时，一般置于货物与阻挡加固材料间。

为保证橡胶垫的性能，不得使用再生橡胶制作橡胶垫。

3. 掩、挡类材料

掩、挡类材料主要用于加固圆柱形货物或球形货物、采用阻挡加固的货物以及起脊装载的散堆装货物等。

支柱是拦护货物的加固材料，一般用于加固原木、木材制品及轻浮货物，支柱分为木支柱、钢管支柱和竹支柱三种，常用支柱的材质和规格参见表 4-2-5。

表 4-2-5 常用支柱的材质及规格

类型	材质或树种	规格/mm		
		长度	大头直径	小头直径
木支柱	榆、柞、槐、楸、桦、栗、栎、榉、水曲柳等各种硬木	≤2 800	不大于 160	不小于 65
	落叶松、黄菠萝		不大于 160	不小于 85
	杉木		不大于 180	不小于 100
钢管支柱	普通碳素钢或其他钢种的无缝钢管或焊接钢管		不小于 65	不小于 65
竹支柱	毛竹		不小于 80	不小于 80

围挡及挡板（壁）主要用于加固焦炭、成件包装轻浮货物、木材以竹子等敞车装载时的起脊部分，起到拦护作用。

4. 其他材料

除以上拉牵捆绑材料、衬垫材料以及掩、挡类材料以外，常用的加固材料还包括绳网（用于加固敞车装载成件包装货物的起脊部分及用于平车装载袋装货物）、焦炭网（用于苫盖焦炭）、绞棍（用于绞紧镀锌铁线或盘条）、钉固装载加固材料圆钢钉和扒锔钉（用于钉固掩挡等加固材料）、U 形钉（用于固定木材加固用的整体捆绑线、封顶线、腰线、拦护线等）、U 形夹（用于固定钢轨端部拉牵线）以及钢板夹（用于钢板整体加固）等。

5. 货物转向架

货物转向架是跨装运输的重要装置。货物转向架每副两个，一个具有死心盘，中心销孔为一圆孔；另一个具有活心盘，中心销孔为一长孔。每个转向架由上架体和下架体组成。

1）货物转向架结构

货物转向架分为普通型和专用型两类，普通型是指通用的货物转向架，专用型是为某种超长货物专门制作的转向架。图 4-2-12 和表 4-2-6 是普通货物转向架的结构图例和相关数据。

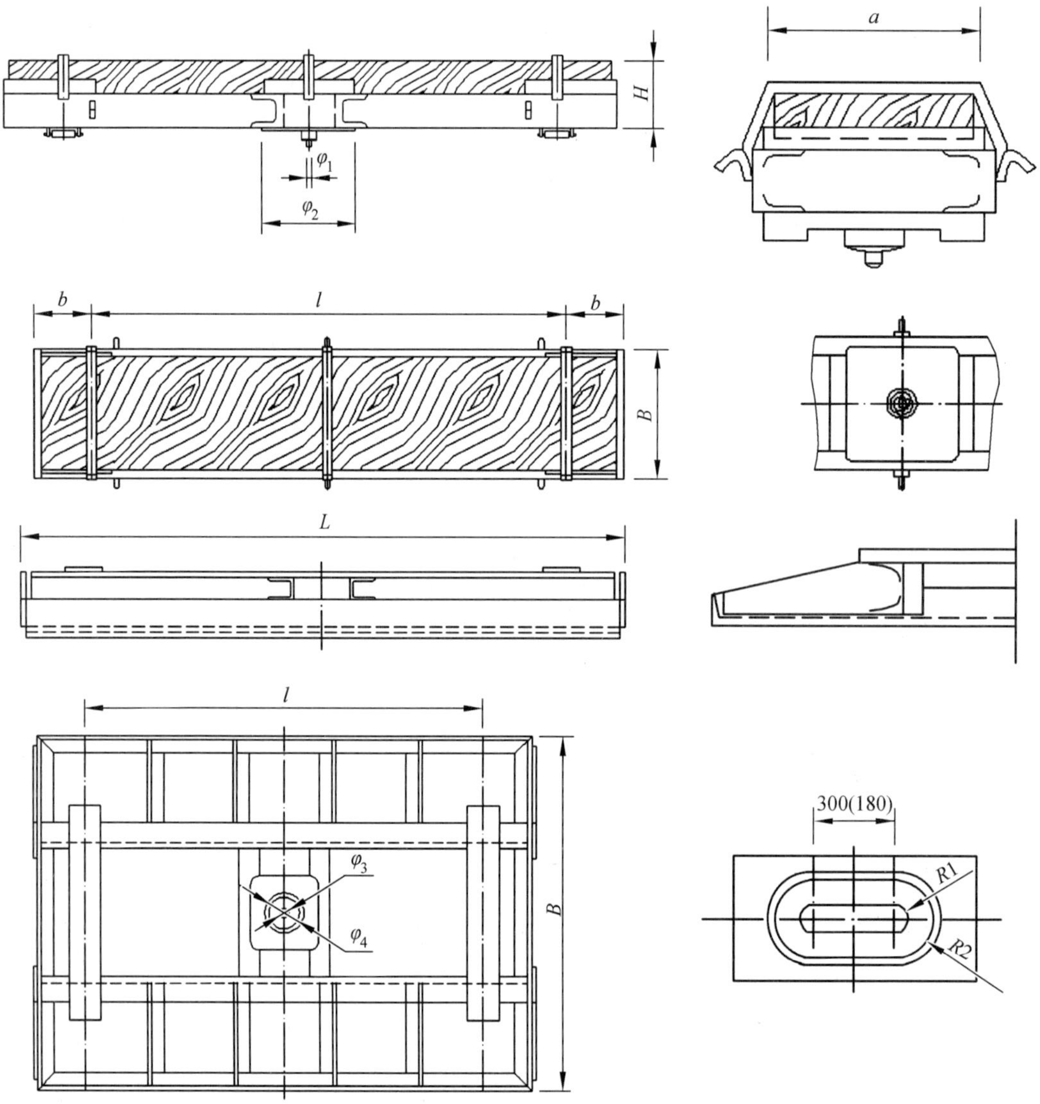

图 4-2-12 普通货物转向架结构（单位：mm）

表 4-2-6 普通货物转向架的结构和尺寸规格 单位：mm

<table>
<tr><th>构件</th><th>长度</th><th>宽度</th><th>高度</th><th>上架体
中心销</th><th>死心盘
中心孔</th><th>活心盘
中心孔</th></tr>
<tr><td>上架体</td><td>2 850～3 000</td><td>不大于 550</td><td rowspan="4">货物转向架组成后的高度根据计算确定</td><td>ϕ_1/ϕ_2</td><td>—</td><td>—</td></tr>
<tr><td>死心盘
下架体</td><td>2 850～3 000</td><td rowspan="2">符合负重车地板负重面长度容许载重量的规定</td><td>—</td><td>ϕ_3/ϕ_4</td><td>—</td></tr>
<tr><td>活心盘
下架体</td><td>2 850～3 000</td><td>—</td><td>—</td><td>R1/R2</td></tr>
<tr><td>垫木</td><td>2 750～2 900</td><td></td><td>—</td><td>—</td><td>—</td></tr>
</table>

复习思考题

1. 包装桶实验用什么设备?
2. 包装箱实验使用什么设备?
3. 包装袋实验的设备是什么? 有哪些耗材?
4. 危险货物共分几大类?

第 5 章　实验方法及要求

本章主要介绍包装检测实验、危险货物性质实验以及货物装载加固实验，包含实验的目的、原理、实验设备、样品以及实验步骤等内容。

5.1　包装检测实验

5.1.1　闭口钢桶气密实验

1. 实验目的

气密实验用于评定容积小于或等于 250 L 的金属桶、塑料桶、金属塑料复合桶或复合包装容器的密封性能，以判断包装容器的质量是否满足安全运输、储存条件。

2. 实验原理

本实验是把实验样品充气至预定压力，将其浸没于水中或涂泡沫溶液（如肥皂水），通过检查有无气泡产生，判定所试容器有无渗漏。

3. 实验设备

（1）气密、液压自动实验系统。
（2）连接管路及接口件。
（3）泡沫溶液及涂刷工具。
（4）电钻、扳手、钳子。

4. 实验样品

本次实验的实验样品为闭口钢桶。

5. 实验程序

按《铁路危险货物运输管理规则》（简称《危规》）附件 5——铁路危险货物运输包装性能实验要求和合格标准的要求，准备 3 个试样。

（1）备齐并认识实验用工具。

（2）在试样顶部密封器附近，用电钻钻通气孔，安装接口件，并连接好连接管路，做到密封良好。

（3）闭合电源开关，接通自动实验系统电源。在系统主界面选择要做的实验——气密实验。

（4）实验强度值（预置压力值）的选择：

实验强度值的选取依据是国家标准和《危规》附件 4——铁路危险货物运输包装性能实验规定、附件 5——铁路危险货物运输包装性能实验要求和合格标准。

若国家标准要求的实验强度与《危规》要求的实验强度不一致，按就高不就低的原则选取实验参数。如《包装容器危险品包装用塑料桶》（GB 18191—2008）和《包装容器危险品包装用塑料罐》（GB 19160—2008），这两个标准要求的气密实验压力值Ⅰ类 30 kPa，Ⅱ、Ⅲ类 20 kPa，保压 5 min，不漏气为合格。而《危规》附件 5 要求气密实验压力值Ⅰ类 50 kPa，Ⅱ、Ⅲ类 30 kPa，保压 5 min，不漏气为合格。根据这一取值原则，则实验强度值选择如表 5-1-1 所示。

表 5-1-1

	普通货物		危险货物	
	Ⅰ级	Ⅱ、Ⅲ级	Ⅰ类	Ⅱ、Ⅲ类
充气压力/kPa	30	20	50	30
保压时间/min	5	5	5	5

（5）设置实验压力和保压时间。

在系统主界面点击“气密实验”后，进入气密实验界面，点击界面下方“设置”键，进入参数设置界面。

点击“压力设置”键，进行实验压力的设置，并点击回车键确认。

点击“时间设置”键，进行保压时间的设置，并点击回车键确认。

设置完成后，点击“返回”键，返回气密实验界面。

（6）系统校准。

在气密实验界面下点击“校准”键，进入系统校准界面，系统开始自动校准，同时蜂鸣器进行报警。当系统校准完成时，蜂鸣器同时停止报警，系统校准完成。

系统校准完成后，点击“返回”键，返回气密实验界面。

（7）确认管路连接无误（连接管路和压力反馈管）后，点击“测试”键，则测试开始。

（8）测试开始后，用刷子蘸上泡沫水检查所试样品是否漏气（不漏气则该项实验合格，漏气则该项实验不合格）。当压力达到设定值后自动保压，保压时间到后自动卸压，实验结束。

6. 实验要求

通过本实验后，能正确使用本实验所涉及的设备和工具，并借助实验指导书给出的实验步骤独立地完成本实验。

5.1.2 闭口钢桶液压实验

1. 实验目的

液压实验用于评定容积小于或等于 250 L 的金属桶、塑料桶、金属塑料复合桶或复合包装容器的液密性能，以判断包装容器的质量是否满足安全运输、储存条件。

2. 实验原理

本实验是向测试容器内注入带有压力的液体（水），当压力达到预定值（实验强度值），通过在保压时间内检查样品有无渗漏现象来判定是否达到密闭要求（无渗漏为合格，有渗漏为不合格）。

3. 实验设备

（1）气密、液压自动实验系统。

（2）连接管路及接口件。

（3）电钻、扳手、钳子、毛巾。

4. 实验样品

本次实验的实验样品为闭口钢桶。

5. 实验程序

按《铁路危险货物运输管理规则》（简称《危规》）附件 5——铁路危险货物运输包装性能实验要求和合格标准的要求，准备 3 个试样。

（1）备齐并认识实验用工具。

（2）在试样顶部密封器附近，用电钻钻取加压孔，安装接口件，并连接好连接管路，做到密封良好。

（3）向桶内注满水，并用专用扳手将封闭器拧紧。

（4）实验强度的选择：

依据《包装容器 钢桶》（GB/T 325.1—2008）《黄磷包装》（GB 16473—1996）《包装容器 危险品包装用塑料桶》（GB 18191—2008）《危险品包装用塑料罐》（GB 19160—2008）《铁路危险货物运输管理规则》（以下简称《危规》）附件 4——铁路危险货物包装性能实验规定、附件 5——铁路危险货物包装性能实验要求和合格标准。液压实验的实验强度从表 5-1-2 中选取。

表 5-1-2

		普通货物		危险货物	
		Ⅰ级	Ⅱ、Ⅲ级	Ⅰ类	Ⅱ、Ⅲ类
压力值	钢桶	250 kPa	100 kPa	250 kPa	100 kPa
	塑料桶	暂无标准	暂无标准	250 kPa	100 kPa
保压时间	钢桶	5 min	5 min	5 min	5 min
	塑料桶	暂无标准	暂无标准	30 min	30 min

（5）设置实验压力和保压时间。

在系统主界面点击“液压实验”后，进入“液压实验”界面，点击界面下方“设置”键，进入参数设置界面。

点击“压力设置”键，进行实验压力的设置，并点击回车键确认。

点击“时间设置”键，进行保压时间的设置，并点击回车键确认。

设置完成后，点击“返回”键，返回液压实验界面。

（6）系统校准。

在“液压实验”界面下点击“校准”键，进入系统校准界面。系统开始自动校准，同时蜂鸣器进行报警。当系统校准完成时，蜂鸣器同时停止报警，系统校准完成。

系统校准完成后，点击“返回”键，返回液压实验界面。

（7）确认管路连接无误（加压管和压力反馈管），并将桶身上的积水擦干，以便于检查是否有渗漏。

（8）点击“测试”键，测试开始。

（9）测试开始后，直至完成保压卸压前，应仔细观察桶口边沿冲压部分，封闭器，桶顶、桶底的卷边以及焊缝是否有渗漏现象（无渗漏则合格，有渗漏则不合格）。

6. 实验要求

通过本实验后，能正确使用本实验所涉及的设备和工具，并借助实验指导书给出的实验步骤独立地完成本实验。

5.1.3 闭口钢桶堆码实验

1. 实验目的

用于评定运输包装件在堆码时的耐压强度和对内装物的保护能力，以判断包装质量是否满足安全运输、储存条件。

2. 实验原理

将被实验包装件放在一个水平台面上，并在其上表面施加均匀载荷。

3. 实验方法和设备

进行堆码实验的方法有三种：

（1）用标准砝码直接堆码，此种方法所需的设备如下：

① 水平台面。水平台面要求坚硬平整，任意两点高度差不超过 2 mm。

② 标准砝码。

（2）用电脑测控抗压试验机直接堆码，此种方法所需设备：电脑测控抗压试验机。

（3）高温堆码试验机（专门用于塑料桶的堆码实验设备）。

4. 实验样品

本次实验的实验样品为闭口钢桶。

5. 实验程序

本实验使用标准砝码来进行包装件的堆码实验。

（1）实验前的准备。

① 确定堆码载荷（一般按下式确定）：

$$P=(H-h)\cdot M\cdot K\cdot 9.8/h$$

式中 P——施加的堆码载荷，N；

H——堆码高度，m；

M——包装件重量，kg；

h——包装件高度，m；

K——劣变系数。根据包装件种类和堆码持续时间来确定，取值范围一般为 1 ~ 2。

② 堆码时间除有特殊规定外，一般为 24 h。

（2）实验。

① 将闭口钢桶放置在跌落平台中心位置。

② 向桶内注入钢桶容积 98%的水，并拧紧封闭器。

③ 使用行车，将砝码提升移动并停留在钢桶上方 10 ~ 20 cm 处。

④ 慢慢调整降下砝码，确保堆码载荷的重心在包装件的几何中心，并注意堆码时的安全（注：对有实验时温湿度条件要求的包装件，要在满足温湿度要求的环境下进行实验）。

⑤ 堆码时不能把行车挂钩脱开，以保证安全。挂钩钢绳应预留 10 cm 的长度余量。

⑥ 定时观察、测量并记录包装件有无变形或垮塌。

（3）实验的判定。

实验期间应对实验样品的变形情况进行记录，必要时，也可以对实验样品的变形情况进行测量。被试样品不应有引起堆码不稳定的任何变形或破损（挂钩钢绳拉直后，视为堆码垮塌）。

6. 实验要求

通过本实验后，能正确使用本实验所涉及的设备和工具，并借助实验指导书给出的实验步骤独立地完成本实验。

5.1.4 闭口钢桶跌落实验

1. 实验目的

用于评定运输包装件在受到垂直冲击时的耐冲击强度及包装对内装物的保护能力，以判断包装容器的质量是否满足安全运输、储存条件。

2. 实验原理

提升实验样品至预定高度，然后使其按预定状态自由跌落，与冲击台面撞击。

3. 实验设备

（1）冲击台面（要符合《包装 运输包装件跌落试验方法》GB/T 4857.5 要求）即：

① 冲击台面为水平平面，实验时不移动，不变形。

② 为整块物体，质量至少为实验样品质量的 50 倍。

③ 冲击台面上任意两点的水平高度差不得超过 2 mm。

④ 要有足够大的面积，以保证实验样品完全落在冲击台面上。

⑤ 冲击台面上任何 100 mm^2 的面积上承受 10 kg 的静载荷时，其变形量不得超过 0.1 mm。

（2）5 t 行车一台。

（3）跌落装置一个。

（4）专用夹具一个。

（5）平跌挂钩一个。

（6）专用扳手一个。

（7）泄压工具一套。

4. 实验样品

本次实验的实验样品是闭口钢桶。

5. 实验程序

（1）实验前的准备。

① 备齐并认识实验用具，即专用夹具、跌落装置、平跌挂钩、专用扳手、泄压工具。

② 明确所要跌落的部位分别为 5 点（焊缝的上顶点）6 点（焊缝的下顶点）5-6 线（焊缝）。如图 5-1-1 所示

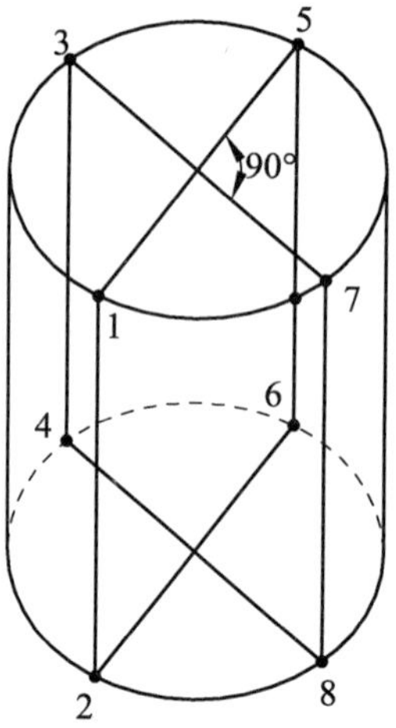

图 5-1-1

③ 根据国家标准和铁路危险货物运输包装性能实验要求和合格标准，明确被试钢桶的跌落高度。跌落高度见表 5-1-3。

表 5-1-3

包装类别	Ⅰ类	Ⅱ类	Ⅲ类
内装物密度≤1.2	1.8 m	1.2 m	0.8 m
内装物密度>1.2	$1.5\times\rho$	$1.0\times\rho$	$0.67\times\rho$

④ 学会行车控制手柄的操作使用。行车控制手柄的使用方法为：按“绿色”按钮接通电源，之后根据所要行驶的方向，按住相应的按钮即可（前、后、左、右），当行车行驶到所需位置时，松开按钮，则行车停止。例如：按住“上”按钮，吊钩上升，松开“上”按钮，吊钩停止上升；按住“下”按钮，吊钩下降，松开“下”按钮，吊钩停止下降。

⑤ 向被试钢桶内注水，注水量为钢桶容积的 98%（液面距桶顶约 2 cm）。

⑥ 用专用扳手将封闭器拧紧。

（2）实验。

① 所要跌落的部位为 5 点、6 点、5～6 线，分三次进行，无先后顺序要求，一般先跌 6 点，再跌 5 点，最后跌 5～6 线。

以跌 6 点为例：先将跌落装置挂在行车的吊钩上，再将夹具挂在跌落装置上，用夹具夹住被试钢桶的 1 点[以保证自由跌落时能准确地跌到 6 点（即受冲击力最大的点）]。

② 按住行车控制手柄的“上”按钮，将被试钢桶提升至 1 m 左右的高度，通过行车控制手柄，把钢桶移至冲击台面中央位置，再将被试钢桶进行提升，同时用标杆

测量提升高度，当6点被提升到预定高度时，松开“上”按钮停止提升。（注意：刚提升或提升过程中，一定要注意人身安全，以防出现夹具未夹住，或提升过程中钢桶脱落，而造成人身伤害。）

③ 在确认被试钢桶下方无人，所有人都在安全位置后（跌落平台2 m以外），按下跌落装置的控制手柄上“on”键，则跌落装置动作，实现被试钢桶自由跌落。

④ 用泄压工具泄掉被试钢桶的内压。

⑤ 将被冲击部位擦干，以便于观察是否渗漏。

⑥ 仔细观察钢桶的受损部位有无渗漏现象（无渗漏则合格，有渗漏则不合格）。

（3）附：

① 关于跌5点的实验，应将钢桶倒置，除夹具所夹的点为2点外，其余操作与跌6点相同。

② 关于跌5～6线与跌5点的不同之处是：用平跌挂钩代替了夹具，平跌挂钩的两个挂钩分别挂1点和2点（其余操作与跌6点相同）。

6. 实验要求

通过本实验后，能正确使用本实验所涉及的设备和工具，并借助实验指导书给出的实验步骤独立地完成本实验。

5.1.5 塑料罐冷冻跌落实验

1. 实验目的

用于评定运输包装件在受到垂直冲击时的耐冲击强度及包装对内装物的保护能力，以判断包装容器的质量是否满足安全运输、储存条件。

2. 实验原理

将盛装防冻液的实验样品降至 –18 °C后取出立即进行跌落。

3. 实验设备

（1）冲击台面[要符合《包装　运输包装件跌落试验方法》（GB/T 4857.5 要求）]即：

① 冲击台面为水平平面，实验时不移动，不变形。

② 为整块物体，质量至少为实验样品质量的50倍。

③ 冲击台面上任意两点的水平高度差不得超过2 mm。

④ 要有足够大的面积，以保证实验样品完全落在冲击台面上。

⑤ 冲击台面上任何100 mm^2的面积上承受10 kg的静载荷时，其变形量不得超过0.1 mm。

（2）温度计。

（3）5 t 行车一台、跌落试验机 SY40-320。

（4）人工模拟环境实验系统 SWTH-34U。

4. 实验样品

本次实验的实验样品是塑料罐。

5. 实验程序

（1）实验前的准备。

① 准备实验样品及防冻液。

② 明确所要跌落的部位分别为凸边、封闭器、合缝线等。

③ 根据国家标准和铁路危险货物运输包装性能实验要求和合格标准，明确被试样品的跌落高度。跌落高度如表 5-1-4 所示。

表 5-1-4

包装类别	Ⅰ类	Ⅱ类	Ⅲ类
内装物密度≤1.2	1.8 m	1.2 m	0.8 m
内装物密度>1.2	$1.5\times\rho$	$1.0\times\rho$	$0.67\times\rho$

④ 学会行车、跌落试验机、人工模拟环境实验系统等设备的操作使用。

行车控制手柄的使用方法为：按“绿色”按钮接通电源，之后根据所要行驶的方向，按住相应的按钮即可（前、后、左、右），当行车行驶到所需位置时，松开按钮，则行车停止。例如：按住“上”按钮，吊钩上升，松开“上”按钮，吊钩停止上升；按住“下”按钮，吊钩下降，松开“下”按钮，吊钩停止下降。

⑤ 向被试塑料罐内注防冻液，注入量为塑料罐容积的 98%（液面距桶顶约 2 cm）。

（2）实验。

① 将已注入防冻液的塑料罐放入人工模拟环境实验系统。

② 打开人工模拟环境实验系统，设置实验温度为 – 19 °C 并运行。

③ 用温度计测量，当塑料罐及其内装物的温度降至 – 18 °C 以下后，拧紧封闭器并取出，准备进行跌落。

④ 将处理后的样品安装在自动脱落钩上，按住行车控制手柄的“上”按钮，将被试样品提升至 1 m 左右的高度，通过行车控制手柄，把样品移至冲击台面中央位置。再将被试样品进行提升，同时用标杆测量提升高度，当样品冲击部位（最低点）提升到预定高度时，松开“上”按钮停止提升（注意：刚提升或提升过程中，一定要注意人身安全，以防出现夹具未夹住或提升过程中意外脱落，而造成人身伤害）。

⑤ 在确认被试样品下方无人，所有人都在安全位置时（跌落平台 2 米以外），按下跌落装置的控制手柄上“on”键，则跌落装置动作，实现被试样品自由跌落。

⑥ 仔细观察样品的冲击部位有无破损或渗漏现象（无破损或渗漏则合格，有破损或渗漏则不合格）。

6. 实验要求

通过本实验，能正确使用本实验所涉及的设备和工具，并借助实验指导书给出的实验步骤独立地完成本实验。

5.1.6 纸箱空箱抗压实验

1. 实验目的

用于评定瓦楞纸箱的耐压强度，以判断瓦楞纸箱质量是否满足安全运输、储存条件。

2. 实验原理

将实验样品置于实验机上、下两块平行压板之间，然后均匀施加压力，直到实验样品被压溃。

3. 实验设备

电脑伺服抗压试验机。

4. 实验样品

双瓦楞纸箱。

5. 实验步骤

（1）实验样品的准备。

按《包装　运输包装件基本试验第 17 部分：编制性能试验大纲的通用规则》（GB/T 4857.17）的规定实验样品（实验样品的数量一般不少于 3 件）。

（2）用胶带把样品（瓦楞纸箱）封口。

（3）实验样品各部位的编号。

按《包装　运输包装件基本试验第 1 部分：试验时各部位的标示方法》（GB/T 4857.1）的规定，对实验样品各部位进行编号。

1——上表面。

2、4——侧面。

3——底面。

5、6——端面。

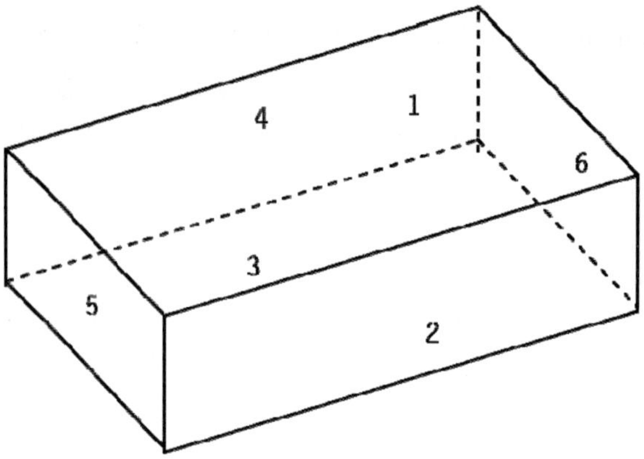

图 5-1-2

（4）实验样品的温湿度预处理。

按《包装　运输包装件基本试验第 2 部分：温湿度调节处理》（GB/T 4857.2）的规定，选定一种条件（一般温度为 23 ± 2 °C，相对湿度为 50% ± 5%），对实验样品进行温湿度预处理。预处理持续时间因材料不同而有所差异，应按所试样品材料所对应的标准规定进行。

（5）实验场所的温湿度条件。

实验应在与预处理时相同的温湿度条件下进行。如果达不到相同条件，应尽可能在与之相接近的温湿度条件下进行实验。

（6）实验强度的选择。

实验强度的选择应根据被试样品所对应的标准进行，如瓦楞纸箱的抗压强度，应根据《运输包装用单瓦楞纸箱和双瓦楞纸箱》（GB/T 6543）选择，即：

$$P = K \cdot G \cdot (H - h) \cdot 9.8 / h$$

式中　P——抗压强度值，N；

K——强度安全系数；

G——瓦楞纸箱包装件的重量，kg；

H——堆码高度，mm（铁路运输为 3 000 mm）；

h——箱高，mm。

K 值的选取：应根据实际储运流通环境条件确定，包括气候环境条件、机械物理环境条件及储运时间等，内装物能起到支撑作用的一般取 1.65 以上，不能起到支撑作用的一般取 2 以上。本次实验的 K 值取 1.65。

（7）实验（以瓦楞纸箱抗压实验为例，其他类同）。

① 接通主机电源，打开电脑，打开测试软件“MaxTest”，进入测试界面。

② 试验类型选择“破型判断”“压缩试验”，测试速度选择“10 mm/min”，勾选“结束自动复位”选项，点击力值显示“0.0”，让数据置零。

③ 通过点击“上升”“下降”按钮，把上压板的位置调节到距试件 5 ~ 10 mm 位置时，按“停止”键。

④ 把试件的几何中心置于上压板的几何中心位置。

⑤ 点击“开始”按钮，则可自动完成一次抗压实验，即通过两块压板以适当的速度进行相对运动对试验样品施加载荷，直至实验样品压馈；压馈后上压板自动返回初始位置。测试中可以查看界面上“力值曲线”，测试数据可在“试验力峰值”中读取。

⑥ 记录实验结果，下一试验重复步骤④ 至⑤ 。

6. 实验记录

（1）样品名称、数量。

（2）预处理时的温度、相对湿度和预处理时间。

（3）实验场地的温度和相对湿度。

（4）实验强度。

（5）实验所用设备。

5.1.7 纸箱包装件斜面冲击实验

1. 实验目的

斜面冲击实验是模拟运输过程中启动、制动、溜放、连挂等作业环节产生的冲击力，通过测算在冲击力影响下包装对内装物的保护能力，来判断包装质量是否满足安全运输条件。

2. 实验原理

使实验样品按预定的速度与一个同速度方向垂直的挡板相撞。

3. 实验设备

KA933 触屏式斜面冲击试验机。

该试验机由轨道、台车、挡板、操作控制台组成。

轨道：由两根平直并互相平行的钢轨组成。轨道平面与水平面的夹角为 10° ± 1°，轨道表面以 50 mm 的间距划分刻度，为设定（距离）速度之用。轨道上有限位装置，以便台车能在轨道的任意位置（设定位置）停留。

台车：台车的滚动装置应滚动良好，台车在控制台的控制下与牵引机构配合使用，使台车能在斜面的任意位置上自由释放。

挡板：挡板安装在轨道的最低端，其冲击表面与轨道平面成 90° ± 1°的夹角。

操作控制台：实现取样（挂住台车），提升到预定位置，在预定位置自由释放。

4. 实验样品

本次实验的实验样品为纸箱包装件。

5. 实验程序

（1）按 GB/T4857.17 的要求准备试样。

（2）按 GB/T4857.1 的规定，对实验样品各部位进行编号。

（3）实验样品的温湿度预处理

实验样品跌落实验前，应按《包装 运输包装件基本试验第 2 部分：温湿度调节处理》（GB/T4857.2）运输包装件及《危规》的要求进行温湿度预处理。

（4）实验强度与实验顺序。

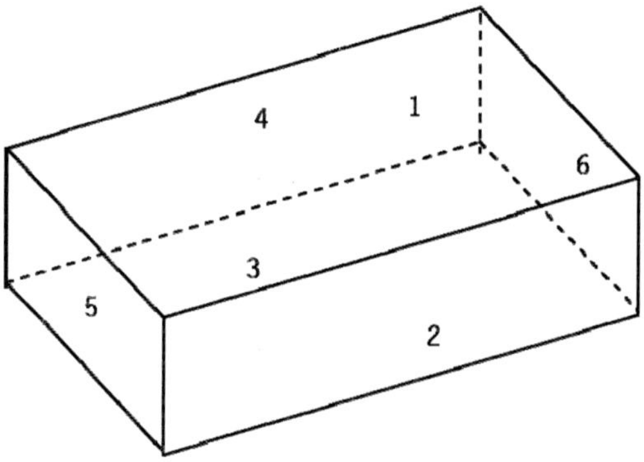

图 5-1-3

①《包装 运输包装件基本试验第 17 部分：编制性能试验大纲的通用规则》（GB/T 4857.17）的规定冲击速度为 1.5 ~ 5 m/s，基本值为 1.8 m/s。本实验选取的冲击速度值为 1.8 m/s。

② 实验顺序按《包装 运输包装件基本试验第 11 部分：水平冲击试验方法》（GB/T4857.11）附录 A 进行。如表 5-1-5 所示。

表 5-1-5

实验顺序	实验样品放置面（编号）	样品承受冲击的面或棱（编号）
1	3	4
2	3	6
3	3	2
4	3	5
5	3	4－6
6	3	6－2
7	3	2－5
8	3	5－4

③ 本次实验仅对面、棱各冲击一次。

6. 实验步骤

（1）打开试验机电源，进入系统界面

（2）将实验样品按预定状态旋转在台车上，旋转样品时，实验样品的冲击面或棱应与台车前缘平齐或伸出台车前缘长度不得大于 50 mm。且冲击面或棱与挡板冲击面之间的夹角不得大于 2°。如果实验样品为平等六面体，则应使棱的两个面中的一个面与挡板冲击面的夹角误差不大于 ± 5°。

（3）按《包装　运输包装件基本试验第 17 部分：编制性能试验大纲的通用规则》（GB/T4857.17）确定的实验强度值，在试验界面中设置冲击角度为 10°，冲击行程为 1 000 mm。

（4）点击斜面高度“Start”键，轨道上升至设定角度 10°。

（5）点击冲击试验“Start”键，开始提升台车及样品至设定行程。

（6）点击“释放”键，台车与挂钩分离，实现样品与挡板间的冲击。

（7）点击“Retest”键，挂钩下行复位，并取台车。

（8）查看样品状态，记录实验结果。下一试验重复步骤（5）至（7）。

7. 实验记录

实验记录应包括下列内容：

（1）实验样品的名称、数量、几何尺寸、重量。

（2）内装物名称、规格、型号、数量、重量。如果是模拟物，应予以说明。

（3）预处理时的温、湿度（相对湿度）持续时间。

（4）实验所用设备

（5）每次实验时，实验样品的旋转状态、冲击速度，每次实验的结果。

（6）实验顺序。

（7）实验日期，实验人姓名等。

5.1.8　纸箱包装件跌落实验

1. 实验目的

用于评定运输包装件在受到垂直冲击时的耐冲击强度及包装对内装物的保护能力，以判断包装质量是否满足安全运输、储存条件。

2. 实验原理

提升实验样品至预定高度，然后使其按预定状态自由跌落，与冲击台面相撞。

3. 实验设置

（1）冲击台面[要符合《包装　运输包装件 跌落试验方法》（GB/T 4857.5 要求）]即：

① 冲击台面为水平平面，实验时不移动，不变形。

② 为整块物体，质量至少为实验样品质量的 50 倍。

③ 冲击台面上任意两点的水平高度差不得超过 2 mm。

④ 要有足够大的面积，以保证实验样品完全落在冲击台面上。

⑤ 冲击台面上任何 100 mm^2 的面积上有 10 kg 的静载荷时，其变形量不得超过 0.1 mm。

（2）跌落试验机 SY40-320。

跌落试验机由提升装置、释放装置、支撑装置、控制箱组成。

① 提升装置。

在提升或下降过程中，不应损坏实验样品。

② 支撑装置。

支撑实验样品的装置，在释放前应能使实验样品稳定在所要求的预定状态。

③ 释放装置。

在释放实验样品的跌落过程中，应使实验样品不碰到装置的任何部件，保证其自由跌落。

④ 控制箱。

具有控制提升、下降、释放、复位、下限位、上限位等功能。

4. 实验样品

本次实验的实验样品：纸箱包装件

5. 实验程序

（1）实验样品的准备。

按被试样品的国家标准和《铁路危险货物运输管理规则》（简称《危规》）要求准备实验样品。

（2）实验样品各部位的编号。

按《包装　运输包装件基本试验第 1 部分：试验时各部位的标示方法》（GB/T 4857.1）的相关规定对实验样品各部位进行编号。

箱类：

1——上表面。

2、4——侧面。

3——底面。

5、6——端面。

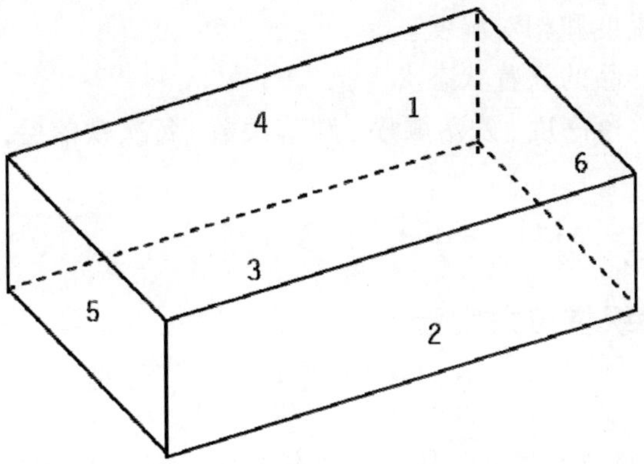

图 5-1-4

（3）实验样品的温湿度预处理。

实验样品跌落实验前，应按《包装　运输包装件基本试验第 2 部分：温湿度调节处理》（GB/T 4857.2）运输包装件 温湿度预处理及《危规》要求进行温湿度预处理。

（4）实验时的温湿度条件。

实验应在与预处理相同的温湿度条件下进行。如果达不到条件，则应在尽可能接近预处理温湿度的条件下进行实验。

（5）实验强度值（跌落高度）的选择：

实验强度的选择应根据所检样品所对应的国家标准和《危规》要求进行选择，如果所检样品无对应的国家标准，《危规》又未涵盖，则按相应的行业标准。如果标准与标准、标准与《危规》所要求的实验强度不一致时，则按照就高不就低的原则来选取实验强度。

（6）实验。

① 开机预热，在确认设备正常后，调整“高度预置”旋钮，设置跌落高度。

② 启动“复位”按钮，等待试验机臂复位到位。

③ 启动“下降”按钮，待下降停止后，将试件放在托板上，并使试件的几何中心线与托板的几何中心线重合，若有预定状态要求，如棱跌落、角跌落，则应按预定状态用支撑装置将其支撑住。

④ 按“上升”按钮，待上升到预定高度停止后，须确认设定高度、实验位置、试件下方无异物，确认各项准备工作和安全事宜无误后，再按“跌落”按钮，此时蜂鸣器发出警告，再次确认无误后，方可松开“跌落”按钮，实现自由跌落。

⑤ 移开试件，按“复位”按钮复位，准备下一次实验。

6. 实验记录

① 样品名称、数量、重量、尺寸。

② 内装物名称、重量等。

③ 预处理时的温度，相对湿度和预处理时间。

④ 实验场地的温度和相对湿度。

⑤ 实验时实验样品的放置状态。

⑥ 实验样品的跌落高度、跌落顺序、跌落次数、每次跌落后，包装件是否有破损，内装物有无损坏。

⑦ 实验所用设备。

5.1.9 塑料编织袋拉力实验

1. 实验目的

用于测定包装材料拉伸强度、伸长率或断裂伸长率，以判断包装质量是否满足安全运输、储存条件。

2. 实验原理

对标准规定的试样按规定的速度施加拉伸负荷，直到断裂，并记录拉伸强度，测量伸长率。

3. 实验设备

材料试验机。

4. 实验样品

本次实验的实验样品为塑料编织袋。

5. 实验程序

1）实验样品的准备

按被测包装所用的标准准备试样，一般为 3 个。

2）取样

按被测包装所用标准规定的取样方法进行取样。

按塑料编织袋的取样方法［按照《塑料编织袋通用技术》（GB/T 8946）］：使用塑料编织袋拉伸负荷专用取样模板和美工刀，在袋体上分别取经向、纬向、缝底向各两块，长 200 mm，宽 60 mm，然后修整成 50 mm 宽，如最后一根超过半根则留之。

3）实验样品的温湿度条件要求

塑料编织袋的试样应在 23 ± 2 °C、常湿的条件下调节 4 h，并在此条件下进行实验。

4）实验

（1）在计算机桌面上打开试验机程序软件“MaterialTest”，进入主界面。

（2）根据实验要求通过操作手柄调整上下夹具之间的距离（塑料编织袋拉伸实验夹具之间的距离为 200 mm）。调整时应先按下操作手柄上“快上”“快下”“慢下”“慢上”键，进行上下夹具距离的调整。

（3）夹具调整好之后，设置好限位开关，避免造成设备的损坏。

（4）在系统主界面的实验方法栏中，点击上方“脱机/联机”按钮，使程序处于联机状态。

（5）在“请选择试验方案”中选择“塑料薄膜拉伸性能试验”。

（6）点击力值和位移显示后的“0.0”进行清零（可点击右下角清零按钮进行清零）。

（7）把试样的两端分别固定在上、下夹具上，此过程须注意三点：一是样品的宽度要全部夹住，二是要夹紧，三是要绷直。

（8）点击界面右下方“运行”按钮，试验机开始进行实验，点击“单图”按钮，界面中部区域会显示即时测试曲线，此时应密切观察试验机的工作状态，如有异常应立即点击“STOP”按钮或按下试验机上“紧急停止”的红色按钮（通过顺时针旋转红色按钮，可以解除紧急停止报警。）

（9）在完成实验后（样品断裂），试验机通过预先设置自动高速返回原点，准备进行下一次实验，在“试验快捷信息栏”中读取测试数据，即“最大力”。

（10）下一个样品测试重复步骤（7）~（10）。

（11）完成实验后点击“脱机/联机”按钮，让设备处于脱机状态。

（12）退出试验机测试程序，关闭电脑，再关闭试验机，最后切断总电源。

5）实验记录

实验记录应包括以下信息：

（1）实验样品的名称、数量、几何尺寸、重量。

（2）内装物的名称、重量。

（3）预处理的温度、湿度（相对湿度）持续时间。

（4）实验所用的设备。

（5）每次实验的结果。

（6）实验日期、实验人员姓名等。

6. 实验要求

通过本实验后，能正确使用本实验所涉及的设备和工具，并借助实验指导书给出的实验步骤独立地完成本实验。

附：

1）关于伸长率的计算

塑料编织袋的断裂伸长率：设两夹具间的初始间距为 L_0，断裂时两夹具间距为 L，则断裂伸长率为：

$$\varepsilon(\%)=(L-L_0)/L_0\times100\%$$

2）拉伸强度表

塑料编织袋要根据内装物重量来选择拉伸强度（按内装物重量来划分，TA 型：10 ~ 20 kg；A 型：21 ~ 30 kg；B 型：31 ~ 50 kg；C 型：51 ~ 60 kg）。如表 5-1-6 所示。

表 5-1-6

项目		型号				
		LA 型	TA 型	A 型	B 型	C 型
拉伸负荷/（N/50 mm）	经向	≥360	≥460	≥565	≥665	≥820
	纬向	≥340	≥440	≥535	≥635	≥780
	缝底向	≥175	≥225	≥275	≥325	≥375
	粘合向	≥250	≥300	≥350	≥400	≥400
	阀口向	≥300	≥350	≥400	≥450	≥500

5.1.10　塑料编织袋跌落实验

1. 实验目的

用于评定运输包装件在受到垂直冲击时的耐冲击强度及包装对内装物的保护能力，以判断包装质量是否满足安全运输、储存条件。

2. 实验原理

提升实验样品至预定高度，然后使其按预定状态自由跌落，与冲击台面相撞。

3. 实验设置

（1）冲击台面［《包装　运输包装件跌落试验方法》要符合 GB/T 4857.5）要求］，即：

① 冲击台面为水平平面，实验时不移动，不变形。

② 为整块物体，质量至少为实验样品质量的 50 倍。

③ 冲击台面上任意两点的水平高度差不得超过 2 mm。

④ 要有足够大的面积，以保证实验样品完全落在冲击台面上。

⑤ 冲击台面上任何 100 mm^2 的面积上承受 10 kg 的静载荷时，其变形量不得超过 0.1 mm。

（2）跌落试验机 SY40-320。

跌落试验机由提升装置、释放装置、支撑装置、控制箱组成。

① 提升装置。

在提升或下降过程中，不应损坏实验样品。

② 支撑装置。

支撑实验样品的装置，在释放前应使实验样品稳定在所要求的预定状态。

③ 释放装置。

在释放实验样品的跌落过程中，应使实验样品不碰到装置的任何部件，保证其自由跌落。

④ 控制箱。

具有控制提升、下降、释放、复位、下限位、上限位等功能。

4. 实验样品

本次实验的实验样品：塑料编织袋。

5. 实验程序

1）实验样品的准备

按被试样品的国家标准《塑料编织袋通用技术要求》（GB/T 8946）和《铁路危险货物运输管理规则》（简称《危规》）要求准备实验样品，实验样品为 3 个。

实验装填物料为聚乙烯树脂颗粒，LA 型袋装填质量为 10 kg，TA 型袋装填质量为 20 kg，A 型袋装填质量为 25 kg，B 型袋装填质量为 40 kg，C 型袋装填质量为 55 kg。

2）实验样品各部位的编号

按《包装　运输包装基本试验第 1 部分：试验时各部位的标示方法》（GB/T 4857.1）的规定对实验样品各部位进行编号。如图 5-1-5 所示。

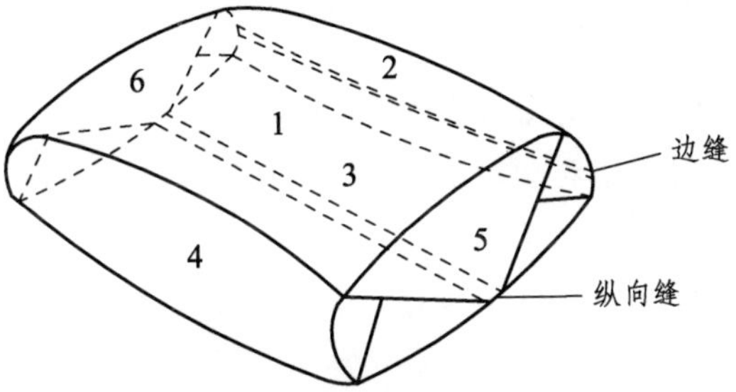

图 5-1-5　袋类包装示意图

3）实验样品的温湿度预处理

实验样品跌落实验前，应按《包装　运输包装件基本试验第 2 部分：温湿度调节处理》（GB/T 4857.2）及《危规》要求进行温湿度预处理。

4）实验时的温湿度条件

实验应在与预处理相同的温湿度条件下进行。如果达不到条件，则应在尽可能接近预处理温湿度的条件下进行实验。

5）实验强度值（跌落高度）的选择：

实验强度的选择应根据所检样品所对应的国家标准《塑料编织袋通用技术要求》（GB/T 8946）和《危规》要求进行选择，如果所检样品无对应的国家标准，《危规》又未涵盖，则满足相应的行业标准。如果标准与标准之间要求的实验强度不一致时，则按照就高不就低的原则，来选取实验强度。单层袋、多层袋和涂膜袋跌落高度为 1.2 m，复膜袋跌落高度为 1.2 m。

6）实验

（1）开机预热，在确认设备正常后，调整“高度预置”旋钮，设置跌落高度。

（2）启动“复位”按钮，等待试验机臂复位到位。

（3）启动“下降”按钮，待下降停止后，将试件放在托板上，并使试件的几何中心线与托板的几何中心线重合，若有预定状态要求，如棱跌落、角跌落，则应按预定状态用支撑装置将其支撑住。

（4）按“上升”按钮，待上升到预定高度停止后，须确认设定高度、实验位置、试件下方无异物，确认各项准备工作和安全事宜无误后，再按“跌落”按钮，此时蜂鸣器发出警告，再次确认无误后，方可松开“跌落”按钮，实现自由跌落。

（5）移开试件，按“复位”按钮复位，准备下一次实验。

（6）3 个样品，每个样品跌落 3 次。第一次为袋的平面平落，第二次为袋的一侧平落，第三次为袋的端部平落。

6. 实验记录

（1）样品名称、数量、重量、尺寸。

（2）内装物名称、重量等。

（3）预处理时的温度，相对湿度和预处理时间。

（4）实验场地的温度和相对湿度。

（5）实验时实验样品的放置状态。

（6）实验样品的跌落高度、跌落顺序、跌落次数、每次跌落后，包装件是否有破损，内装物有无损坏。

（7）实验所用设备。

5.1.11 正弦变频振动实验

1. 实验目的

用于评定运输包装件或单元货物在经受变频振动后或共振情况下的强度和包装对内装物的保护能力。

2. 实验原理

振动实验是模拟产品在实际使用和运输中可能受到的振动影响，不一定是实际环境的再现，可以用于发现潜在的破坏性共振点，尤其在设计和研发试验阶段，确定样品的机械薄弱环节和特性。

3. 实验设备

电动振动试验系统。

4. 实验样品

本次实验的实验样品为悬臂梁、机电产品包装件。

5. 实验程序

1）实验要求

首先对悬臂梁进行扫频，测量悬臂梁的共振点，并认真观察在共振点时悬臂梁的状态变化。其次对机电产品包装件进行扫频，并对使用缓冲材料后的频谱进行分析。

2）实验样品的准备

根据要求准备实验样品，并对样品进行编号。

3）实验

（1）安装试验产品夹具和试验产品，试验样品重心点的垂直位置应尽可能地接近实际振动平台的几何中心。用专用量具检查台体固体螺丝上延是否和专用量具高度相同，检查隔振气囊充气是否合适。若充气不足，则用空压机给气囊充气，以达到台体固体螺丝上延和专用量具高度相同。

（2）在台体上表面粘结传感器，尽量靠近试验产品与夹具的连接部位，必要时首先对夹具进行试振。

（3）功放柜漏电开关合闸送电，LINE 显示灯亮。

（4）启动计算机控制系统，设置试验文件参数。

① 设置振动台限制参数：最大加速度，正弦按照 100%设置，随机按照 70%设置，SIE 裁减设置为 3，其他参数正常设置。

② 设置工程单位：选择标准单位，位移 mm，速度 m/s，加速度 g 或 m/s^2，推力 n 或 kg。

③ 设置传感器灵敏度参数：确定控制或检测通道，选择测量范围，确定各通道灵敏度参数。

④ 设置试验目标谱：在菜单表格中输入频率范围、位移范围、加速度范围或随机谱密度范围。

⑤ 设置试验计划表内容：选择扫描、设定频率范围、扫描数率、扫描次数或时间；驻留试验、设定频率范围、试验时间；设定试验报告内容、试验存储内容。检查并核对全部试验文件参数，试验文件存盘或另存为试验文件名。

（5）启动功放柜上 POER 位置 ON 按钮，冷却风机和励磁及功放末级自动送电，OPERATE 显示灯亮；顺时针旋转增益电位器至 60% ~ 90%左右的位置。

（6）操作计算机控制系统开始试验；试验进行中，注意观察计算机显示器的振动数据状态和功放显示灯状态。试验产品在试验过程中出现异常情况，立即停止试验，认真检查产品连接电缆工作是否正常，检查产品与夹具的安装情况是否正常。

（7）对悬臂梁进行测试时，输入扫频频率 5—50—5 Hz，重复 1 次，倍频程 1。对机电产品包装件进行测试时，输入扫频频率 5—500—5 Hz，重复 1 次，倍频程 2。振动试验过程中，禁止调整增益电位器，防止振动台发生颤动现象。试验中要认真观察试验现象和频谱。

（8）试验完成后，操作计算机控制系统停止试验；在功放柜上逆时针旋转增益电位器至 RESET 位置，再按下“OFF”按钮。功放系统按功放末级和励磁及冷却风机顺序自动停机。

（9）冷却风机继续延时工作 5 ~ 8 min，等台体内热降低自动停机后，关闭漏电开关电源。

4）实验记录

实验记录应包括以下信息：

（1）实验样品的名称、数量、几何尺寸、重量。

（2）内装物的名称、重量。

（3）实验所用的设备。

（4）每次实验的参数和测试结果。

（5）实验日期、实验人员姓名等。

6. 实验要求

通过本实验，能正确使用本实验所涉及的设备和工具，并借助实验指导书给出的实验步骤独立地完成本实验。

注意：传感器是精密元件，价值较高，在粘接传感器时必须在老师的现场指导下进行，不得随意进行操作，若违反规定造成损坏须按原价赔偿。

5.2 危险货物实验

5.2.1 危险货物特性实验

1. 实验目的

（1）通过典型危险货物特性实验，观察现象并分析原因，熟悉它们的危险特性，了解一种危险发生的同时，伴随有其他性质的危险过程。

（2）结合货物运输过程，根据危险货物特性，确定几类典型危险货物在装卸、配装和包装等作业环节应该注意的问题。

2. 实验原理

危险货物是指具有爆炸、易燃、毒害、感染、腐蚀、放射性等特性，在运输、装卸和储存保管过程中，容易造成人身伤亡和财产损毁而需要特别防护的货物。

本实验分别选取具有氧化、易燃、毒害和腐蚀特性的危险货物典型代表进行实验。各类物质特性及与运输、包装、储存相关的内容如下。

1）氧化性物质

本类物质具有强氧化性，受热、震动、摩擦、遇酸或水会分解放出氧和热量，能导致可燃物的燃烧，具有助燃性，与松软的粉末状可燃物能形成爆炸性混合物。

包装：氧化性物质的包装和衬垫材料应与所装物性质不相抵触。封口要严实，包装要防潮，内外包装不得沾有杂质。

装卸与搬运：① 装车前，车内应打扫干净，保持干燥，不得残留有酸类和粉状可燃物；② 卸车前，应先通风后作业；③ 装卸搬运中不能摔碰、拖拉、翻滚、摩擦和剧烈震动；④ 搬运工具上不得残留或沾有杂质；⑤ 托盘和手推车尽量专用，装卸机具应有防止发生火花的防护装置。

存放与保管：应存放于阴凉通风场所，防止日晒、受潮，远离酸类和可燃物，特别要远离硫磺、硝化棉、金属粉等还原性物质。

2）易燃性固体物质

本类物质燃点低，对热、撞击、摩擦敏感，易被外部火源点燃，燃烧迅速，并可能散发出有毒害烟雾或有毒气体，易于引起和促成火灾。此类物质分为一级和二级易燃固体。

包装：按危险程度分为Ⅰ、Ⅱ、Ⅲ类包装。盛装有遇空气或潮气会引起反应的物质时，其容器须气密封口。

装卸与搬运：作业时不得摔碰、撞击、拖拉和翻滚，防止容器破损。装卸搬运机具，应有防止产生火花的措施。

存放与保管：本类物质应存放在阴凉、通风、干燥场所，防止日晒，隔绝热源与火种，与酸类、氧化剂必须隔离存放。

3）毒害性物质

本类物质指进入人体后累积达到一定的量，会与体液组织发生生物化学作用或生物物理变化，扰乱或破坏机体的正常生理功能，引起暂时性或持久性的病理状态，甚至危及生命安全的物质和物品。

包装：对易挥发的液态物质容器应气密封口，其他的应液密封口，固态应严密封口。

装卸与搬运：装卸车前应先通风；装卸搬运时严禁肩扛、背负，要轻拿轻放，不得撞击、摔碰、翻滚，防止包装破损，作业时必须穿戴防护用品。严防皮肤破损处接触毒物，作业完毕及时清洁身体后方可进食和吸烟。

存放与保管：应存放在阴凉、通风、干燥的库内，不得露天存放。与酸类应隔离存放，严禁与食品同库存放。

4）腐蚀性物质

本类物质指与完好皮肤组织接触不超过 4 h，在 14 d 的观察期间发现引起皮肤全厚度损毁；或在 55 °C 条件下，对 20 号钢或无覆盖层的铝表面均匀年腐蚀率超过 6.25 mm/a 的物质。按其性质不同，分为酸性、碱性和其他腐蚀性物质。

包装：腐蚀性物质根据其危险程度分为Ⅰ、Ⅱ、Ⅲ类包装。各类包装应选择耐腐蚀的包装物或容器，按所装物质的性质、状态采用气密封口、液密封口或严密封口，防止泄漏、潮解或撒漏。

装卸与搬运：作业前应穿戴耐腐蚀的防护用品，对易散发有毒蒸气或烟雾的腐蚀性物质，必须通风作业，并使用防毒面具。货物堆码必须平稳牢固，严禁肩扛、背负、撞击、拖拉、翻滚。装车前卸车后必须清扫车辆，不得留有稻草、木屑、煤炭、油蜡、纸屑、碎布等可燃物。

存放与保管：应存放在清洁、通风、阴凉、干燥场所，防止日晒、雨淋。堆码整齐稳固，不得与可燃物、氧化剂等混存。

3. 实验设备及用品

（1）蒸发皿、酒精灯、试管、火柴、玻璃棒、烧杯、量筒、pH 试纸、不锈钢药勺。

（2）过氧化钠、溴酸钾、苦味酸（含水≥30%）硫粉、氯酸钾、浓盐酸、硫酸、氢氧化钠、铁钉、铝片、纤维素丝。

4. 实验步骤

1）氧化性

（1）取约 0.5 g 过氧化钠于一干燥试管中，用试管夹夹住（注意管口不能对着人），在酒精灯上加热，将刚熄灭带火星的火柴梗伸入试管，观察发生的现象；另取约 0.5 g 过氧化钠于试管中，加入约 3 mL 的水，再用刚熄灭带火星的火柴梗伸入试管，观察发生的现象。

从理论层面解释以上现象发生的原因，并分析对过氧化钠的运输和包装有什么要求？

（2）在通风橱中，取溴酸钾和纤维素丝各约 0.5 g 于蒸发皿中混合均匀，用明火点着，观察氧化剂的助燃性。

通过观察以上实验现象，说明在配装运输和储存含有氧化剂的物品时应该注意什么？

2）易燃性

（1）在通风橱中，取约 0.2 g 硫粉于不锈钢药勺中，在酒精灯上点燃，观察二级易燃固体的燃烧现象。

（2）在通风橱中，取约 0.2 g 苦味酸（含水≥30%）于不锈钢药勺中，在酒精灯上点燃，观察一级易燃固体的燃烧现象。

比较二者燃烧的剧烈程度，并分析易燃固体在运输过程中应该注意哪些问题。

3）毒害性

在通风橱中，往一支试管中加入约 0.5 g 氯酸钾固体，再加入约 1 mL 浓盐酸，观察氯气的放出。用手扇取，闻氯气的气味，然后在试管背面放一张白纸，观察氯气的颜色。

描述氯气颜色和对呼吸道的作用，说明毒性气体的危害特性。

4）腐蚀性

（1）往试管中加入 2 mL 的稀硫酸，用玻璃棒蘸取液体测定 pH 值，然后放入一颗铁钉观察硫酸对金属铁的腐蚀作用。

（2）往试管中加入约 0.5 g 氢氧化钠固体，加水溶解，感受放热现象，并用玻璃棒蘸取液体测定 pH 值，然后放入铝片观察氢氧化钠对金属铝的腐蚀作用。

通过以上实验现象，分析在运输和包装腐蚀性货物时应该注意些什么？

5. 实验报告要求

（1）熟悉和了解危险货物理化性质实验的作用和实验步骤。

（2）记录实验的现象和结果，做出解释和分析，并回答相关问题。

6. 实验注意事项

（1）未经许可不准随便动用仪器和设备。

（2）禁止用口尝任何物品。

（3）禁止将试样带出实验室。

（4）在实验过程中保持安静，不准大声喧哗，且要随时注意设备动向以保证人身安全。

（5）爱护实验室设备。

7. 思考题

（1）为什么要进行货物理化性质检测？

（2）实验结果对危险货运输组织过程有何参考价值？

（3）危险货物共分几大类？

5.2.2 运输过程中外部因素对危险货物的影响

1. 实验目的

（1）通过本实验，进一步熟悉危险货物的特性。

（2）结合货物运输过程，根据危险货物特性，熟悉运输过程中外部因素对危险货物一些基本特性的影响。

（3）了解典型危险货物在运输作业过程中的注意事项，掌握其运输方案制定方法。

2. 实验原理

（1）燃爆性物质实验。

这类物质受到高热、摩擦、撞击、振动或其它外界作用，能迅速发生剧烈化学反应，瞬间产生大量气体和热量，形成巨大的压力，对周围环境造成破坏。

（2）自燃（易燃）性物质实验。

自燃物质包括发火物质和自热物质，其自燃点低，在空气中易于发生氧化反应，放出热量而自行燃烧。易燃物质燃点低，对热、撞击、摩擦均较敏感，易被外部火源点燃，迅速燃烧，并可散发出有毒烟雾或气体。

（3）氧化性物质实验。

这类物质具有强氧化性，受热、振动、摩擦、遇酸或遇水会分解放出氧气和热量，能导致可燃物的燃烧，具有助燃性，与松软的粉末状可燃物混合能形成爆炸性混合物。

（4）毒性物质实验。

这类物质进入生物有机体后累积达到一定的量，能与体液组织发生生物化学作用或生物物理变化，扰乱或破坏生物的正常生理功能，引起暂时性或持久性的病理状态，甚至危及生物生命安全。

（5）腐蚀性物质实验。

腐蚀性物质有强烈腐蚀性，造成被腐蚀物脱水，蛋白质变质等破坏，除对人体，动植物，纤维制品，金属等能造成破坏外，甚至能引起燃烧和爆炸。

3. 实验设备及用品

（1）淀粉、黄磷、脱脂棉、过氧化钠、溴酸钾、纤维素丝、氯酸钾、红磷、白糖、浓硫酸、硫化亚铁、稀硫酸、实验用小白鼠、鸡爪。

（2）喷雾气雾剂封闭空间试验仪、粉尘爆炸演示装置、硫化氢生成系统及染毒观察室、丁烷气罐、蜡烛、点火枪、烧杯、自封袋、电炉、铁架台、电吹风、滤垫、瓷研钵、蒸发皿、玻璃棒、镊子、细长玻璃管、不锈钢药勺、瓷板、滴管。

4. 实验步骤

1）爆炸性

① 喷雾气雾剂封闭空间试验：喷雾气雾剂封闭空间试验仪接通电源预热 30 min，安放丁烷气罐到相应位置，打开封闭空间盖板，在桶内固定蜡烛的位置固定好蜡烛并引燃，盖板放好，按仪器操作流程进行电子设置并启动试验，观察封闭空间盖板在桶内爆炸物达到爆炸极限发生爆炸而开盖的试验现象。

② 粉尘爆炸试验：安置好粉尘爆炸装置，在桶内安放好引火源（蜡烛），粉尘（烘干淀粉）放入粉尘杯，点燃蜡烛，盖上装置上盖后开始鼓入新鲜空气，观察桶内及桶盖发生的现象。

2）自燃（易燃）性

① 黄磷自燃试验：水密封黄磷于烧杯中加热至 45 °C 左右呈熔融状态，取熔融状态的黄磷（带密封水）放入自封袋中并悬挂在通风橱（罩）中铁架台上，下端研钵上过滤网（纸），后用剪刀在自封袋的底端一角剪开一个小口让熔融状态的黄磷带水一起流到过滤网（纸）上，滤掉水分，滤网（纸）上留下黄磷，为了加速水分的失去，可以利用电吹风对准滤网上的黄磷进行吹拂，在此过程中观察黄磷发生的现象。

② 易燃性：把少量的过氧化钠粉末平铺在一薄层脱脂棉上，用玻璃棒轻轻压拨，

使过氧化钠进入脱脂棉中，用镊子将带有过氧化钠的脱脂棉轻轻卷好，放入蒸发皿中，用细长的玻璃管向脱脂棉缓缓吹气，在此过程中观察脱脂棉发生的现象。

3）氧化性

① 于通风橱（罩）中，取溴酸钾 0.5 g 两份置于瓷板上两处位置，再取纤维素丝 0.5 g 两份，其中一份与一处溴酸钾混合均匀，一份单独置于瓷板的一处。用点火枪火焰先灼烧分开的溴酸钾与纤维素丝，观察发生的现象；再用点火枪火焰灼烧混合均匀的溴酸钾与纤维素丝粉末，观察发生的现象。

② 于通风橱（罩）中，取红磷 0.5 g 两份置于瓷板上两处位置，再取氯酸钾 0.5 g 两份，其中一份与一处红磷放置一起，一份单独置于瓷板的一处。用两支玻璃棒单独搅拌摩擦红磷与氯酸钾，观察发生的现象；再用一支玻璃棒搅拌摩擦放置一起的红磷与氯酸钾，观察发生的现象。

③ 于通风橱（罩）中，氯酸钾和白糖各取约 0.5 g，轻轻在瓷研钵内混合均匀，将混合物堆放在瓷板上，从顶上滴加 1 ~ 2 滴浓硫酸（危险！注意操作，防止滴到衣服和身体上），观察发生的现象。

4）毒害性

在风橱（罩）中，配装好硫化氢生成装置+染毒观察室+尾气吸收装置；取 10 g 左右的硫化亚铁放入启普发生器后连接好气体收集管道，试验用小白鼠放入染毒观察室并密封好，打开气体开关，从稀硫酸注入口缓慢注入，直到淹没完硫化亚铁为止，此时观察启普发生器内出现的现象，并观察染毒室中小白鼠的活动变化。

5）腐蚀性

在试验台上的研钵中放入一定量的脱脂棉，缓慢滴加 3 ~ 5 滴浓硫酸，观察脱脂棉发生的变化；再于装有浓硫酸的烧杯中，轻轻放入一定量的鸡爪，观察杯中出现的现象，过一定时间后捞出鸡爪观察发生的变化。

6）灭火禁忌试验

典型的水中燃烧试验：在一玻璃杯中盛大半杯水，把十几颗氯酸钾晶体放到水底，再用镊子夹取几小粒黄磷放到氯酸钾晶体中。接着用玻璃移液管吸取浓硫酸少许，移注到氯酸钾与黄磷的混合物中，观察水中出现的现象。通过试验说明并不是所有的火灾都可以用水来进行灭火。

5. 实验报告要求

（1）熟悉和了解危险货物理化特性实验现象、实验步骤及外部因素对危险物的危险特性的影响。

（2）记录试验的现象和结果，作出解释和分析，并回答相关问题。

6. 实验注意事项

（1）未经许可不准随便动用仪器和设备。

（2）禁止用口尝任何物品。

（3）禁止将试样带出实验室。
（4）在实验过程中保持安静，不准大声喧哗，且要注意设备动向保证人身安全。
（5）爱护实验室设备。

7. 思考题

（1）危险货物在运输过程中会受哪些外界条件的影响？
（2）灭火方法有哪些？有哪些注意事项？
（3）通过实验，你认为对黄磷和金属钠的包装有什么要求？
（4）对于氧化性物质，你认为在运输和储存过程中应该注意哪些问题？
（5）为什么要进行货物危险性质检测实验？你觉得实验结果对危险货物运输组织过程有何参考价值？

5.2.3 易燃液体闭口（杯）闪点的测定

1. 实验目的

通过对易燃液体闭口（杯）闪点的测定，以确定其易燃等级，为相应的运输包装要求提供数据支持。

2. 实验原理

（1）根据易燃液体随着环境温度的升高而加速挥发的特性，并使其产生的气体密闭于一定空间内；定时测量电弧点火，易燃液体蒸汽产生闪燃时的温度，即为所测液体的闪点。
（2）依据 MINIFLASH FLPL 全自动低温闪点仪的电子程序控制原理及自动升温、自动电弧点火的工作原理进行实验操作。
（3）参考的标准为《危险品 易燃液体闭杯闪点试验方法》（GB/T 21615—2008）。

3. 仪器设备

（1）MINIFLASH FLPL 全自动低温闪点仪一台。
（2）样品杯两只。
（3）样品杯托两只。
（4）移液枪一支。
（5）移液管三支。
（6）具备有效的“中国测试技术研究院”校准证书。
（7）乙醇、正丁醇和松油醇各 10 mL。

4. 实验步骤

（1）查看检定/校准时间。
（2）打开电源预热 10 ~ 15 min。

（3）打开位于仪器后部下方的电源开关，屏幕显示开始界面：

```
CCA-FLP      VERS. 4.16      06/08/1999 09：37
*Measure      *Printer       *setup
```

（4）移动光标至*Measure（测量），并按下“TASK”（任务）键，屏幕显示测量界面：

```
← *  _S No：1 *DIESEL   Ti = 40   Tf = 70 °C
CCCFP                     Toven = 18.6 °C
```

（5）移动光标至 No：#，并用“↑”和“↓”键来选择程序。或移动光标到 Ti（初始点火温度）和 Tf（终止测量温度），设置数值：

```
← *  _S No：1 *DIESEL   Ti = 40   Tf = 70 °C
CCCFP                     Toven = 18.6 °C
```

（6）按下“RUN”（运行）键，开始执行测量程序，仪器先调节炉温到初始点火温度：

```
*  _S   DIESEL               Toven = 20.0 °C
regulate oven to Ti          Tsample = 18.6 °C
```

（7）当炉温达到 Ti 时，仪器发出声音提示操作者，同时屏幕显示将变为：

```
*  _S   DIESEL               Toven = 40.0 °C
fill sample，press RUN       Tsample = 21.6 °C
```

（8）将 1 mL 样品加入样品杯，或注入样品到刻度线位置。将样品杯支架准确推入到测试腔指定位置，放下测试腔门，按下“RUN”键两次，杯子被自动举升到顶部，并开始测量：

```
*  ¯  S    RUN      DIESEL     Toven = 47.0 °C
Ti = 40   Tf = 70   Pz= #.#    Tsample = 45.6 °C
```

（9）仪器检测到闪点后测量程序停止运行，并产生声音来提示操作者：

```
*  ¯  END   DIESEL            Toven = 56.8 °C
   cooling          Tflash = 58.8 °C
```

（10）记录屏幕显示的闪点数值。并按一次“STOP”键来结束报警提示。如果炉温低于初始温度或 40 °C，样品杯升降器会自动降下，屏幕显示将变为：

```
*  _END  DIESEL            Toven = 40.8 °C
    ready          Tflash = 58.8 °C
```

（11）再次按下“STOP”键，退回测量界面。取出样品杯，将失效的样品倒出，用干净的纱布或棉花擦干净样品杯。样品杯冷却到室温后，可以进行下一次测试。

（12）测量完成，待 Toven 降到室温左右后，可以关机。在测量界面中，移动光标到左上角的“←”，按下“TASK”键，退回到开始菜单，关闭电源。

5. 数据记录及处理

1）大气压力对闪点影响的修正

大气压力高于 103.325 kPa 或低于 98.676 kPa 时，实验得到的闪点修正（精确到 1 °C）：$t_0 = t + \Delta t$

修正值 Δt：$\Delta t = 0.258\,8 \times (101.325 - P)$

Δt 还可通过表 5-2-1 查出：

表 5-2-1

大气压力/kPa	Δt/°C
84 ~ 87	+ 4
88 ~ 91	+ 3
92 ~ 95	+ 2
96 ~ 99	+ 1
100 ~ 107	− 1

2）实验记录与结果如表 5-2-2 所示。

表 5-2-2　　单位：°C

样品	实测值	校对温度	大气压修正后准确值	平均值
乙醇				
正丁醇				
松油醇				

注：校对温度由“中国测试技术研究院”的校准证书提供。

6. 报告结论

报告结论如表 5-2-3 所示。

表 5-2-3

样品	危规规定易燃等级与闪点（闭杯）范围	易燃危险性类别
乙醇	一级易燃液体（< 23 °C） 二级易燃液体（23 °C ≤ 闪点 ≤ 61 °C）	
正丁醇		
松油醇		

7. 思考题

（1）液体的闪点受哪些因素的影响？

（2）在铁路货物运输中，易燃液体会受到哪些危险因素的影响？

（3）通过本实验，你认为运输过程中对易燃液体的包装有什么要求？

5.3 装载加固实验

5.3.1 金属块、锭、坯装载加固实验

1. 实验目的

（1）通过本实验，进一步熟悉装载加固的过程和方法。

（2）根据金属块、锭、坯的特性，熟悉装载采用的车辆、加固的方法和加固的材料。

（3）结合货物运输过程，根据货物特性，确定几类典型货物在装载、加固、卸车等作业环节应注意的事项，并学会如何根据货物的不同特点，制定不同的装载加固方案，比较各方案，确定满意的装载方案。

2. 实验设备及用品

以下用品均为 1∶20 的缩小版模型。

（1）货物规格：长度不大于 1 300 mm，大、小头均为正方形，纵横交错、大小头颠倒码放成垛，用 6.5 mm 盘条 2 股交叉整体捆绑。

（2）准用货车：60 t、61 t 通用敞车（C62、C62M、C65 除外）。

（3）加固材料：稻草垫。

3. 实验步骤

（1）从车辆两端向车辆中部连续装载，装载宽度不小于 1 300 mm。

（2）全车装载量不大于 55 t，货物均匀布满车地板时，允许装至货车标记载重量。

（3）加固方法：货物与车地板间铺垫稻草垫。

4. 实验要求

（1）熟悉和了解货物特性、车辆选用原则、加固方法，加固材料援用以及装载加固步骤等。

（2）计算货物所受的力以及装载加固的力值，画出装载加固三视图，并回答相关问题。

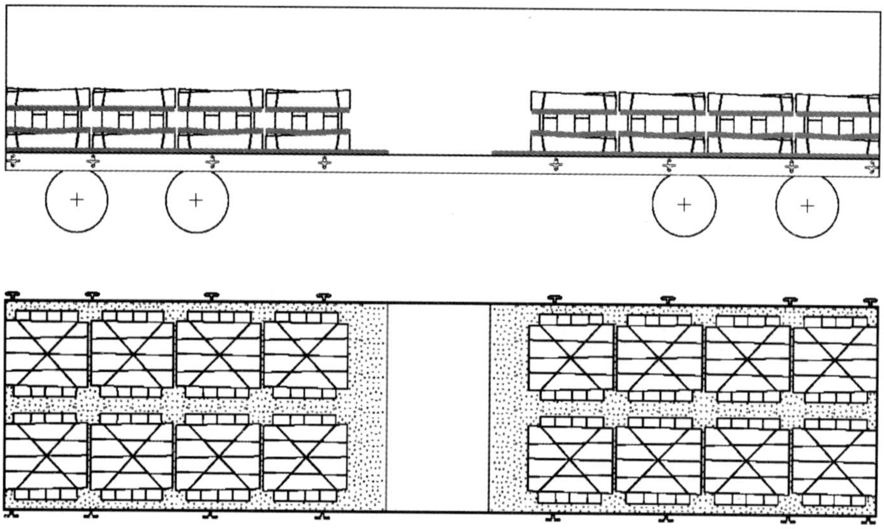

图 5-3-1　金属块、锭、坯装载加固示意图

5. 思考题

（1）金属块、锭、坯的装载怎么选车？

（2）金属块、锭、坯的装载加固时选用的加固材料是什么？

（3）计算货物的受力情况。

5.3.2　金属制品方钢装载加固实验

1. 实验目的

（1）通过本实验，进一步熟悉装载加固的过程和方法。

（2）根据方钢的货物外形特征特性，选择合适的车辆、制定加固的方法、选择加固的材料。

（3）结合货物运输过程，根据货物特性，确定几类典型货物在装载、加固、卸车等作业环节应注意的事项，并学会如何根据货物的不同外形特点制定不同的装载加固方案，比较各方案，确定满意的装载方案。

2. 实验设备及用品

以下用品均为 1：20 的缩小版模型。

（1）长度 6 250 mm 及以上，未满 12 500 mm 的方钢。

（2）60 t、61 t 通用敞车（C62、C62M、C65 除外）。

（3）条形草支垫或稻草绳把。

3. 实验步骤

1）装载步骤

均衡装载 1 垛，货垛下，在车辆横中心线两侧对称铺垫条形草支垫或稻草绳把各 1 道，装载长度不等的方钢时，长的装在第 1 层。

容许装载重量：

K_1=5 000 mm 时，为 42 t；

K_1=6 000 mm 时，为 49 t；

K_1=7 000 mm 时，为 55 t。

K_1=8 000 ~ 8 700 mm，采取有效加固措施防止货物移动时，每车装载量可以达到货车标记载重量。

2）加固方法

货垛下及各层间铺垫 2 道条形草支垫或稻草绳把。

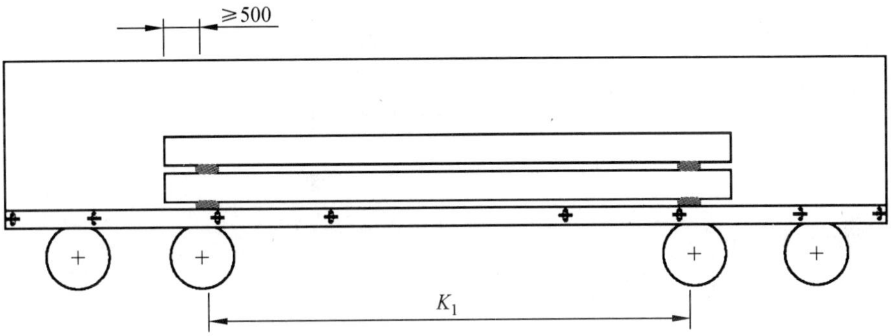

图 5-3-2　方钢装载加固示意图

4. 实验要求

（1）熟悉和了解货物特性、车辆选用原则、加固方法，加固材料援用以及装载加固步骤等。

（2）计算货物所受的力以及装载加固的力值，画出装载加固三视图，并回答相关问题。

5. 思考题

（1）方钢的装载怎么选车？

（2）方钢长度小于 6.5 m 的情况，应该如何装载？

（3）K_1 的取值和什么有关？

5.3.3 超长货物装载加固实验

1. 实验目的

（1）通过本实验，进一步熟悉超长和超限货物的装载方法。

（2）根据的货物外形、特征、特性，选择合适的车辆，制定加固的方法和选择加固的材料。

（3）结合货物运输过程，根据货物特性，确定几类典型货物装载、加固、卸车等作业环节应注意的事项，并学会如何根据货物的不同外形特点，制定不同的装载加固方案，比较各方案，计算货物的超限等级，使用车辆，对方案进行经济和安全方面的比选，确定满意的装载方案。

2. 实验设备及用品

以下用品均为 1：20 的缩小版模型。

（1）尺寸如图 5-3-3 所示。

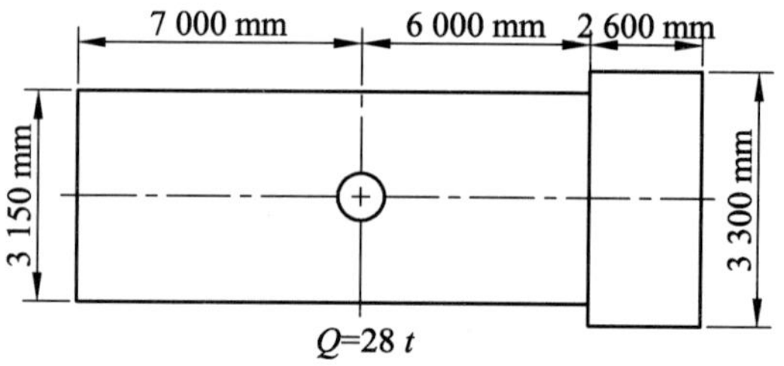

图 5-3-3 货物尺寸示意图

（2）60 t 普通平车。

（3）钢丝绳、鞍座、橡胶垫等若干。

3. 实验步骤

（1）选定车辆，确定装载方案。

对此货物，可选用两辆平车、三辆平车，选车不一样，装载方案不一样。

（2）加固材料。

采用柔性加固，用钢丝绳或者其他柔性加固材料。

（3）加固方案。

根据自己选定的装载方案，计算货物的力，选定加固材料的规格。

4. 实验要求

（1）分析货物的特点及运输要求。

充分了解掌握制订方案时依据的有关货物的所有技术数据，如重量、结构特点、外形尺寸、重心位置、支重面尺寸、加固作用点位置等等。

（2）确定装车类型。

选择合适的车辆，确定货物在车辆上的合理位置。

（3）确定装载方案。

确定货物重心在车辆横向和纵向上的位置，并进行超限和集重检查，计算重车重心高度。确定装载位置时，要满足装载方案原则，对可能的装载方案进行比较，应尽可能降低货物超限等级和重车重心高度，并注意避免集重装载。

（4）计算作用于货物上的力及需要加固装置承受的力。

5. 思考题

（1）超限等级确定的步骤是怎样的？

（2）什么是超长货物？

（3）什么是柔性加固？

5.3.4 轮式货物装载加固实验

1. 实验目的

（1）通过本实验，掌握轮式货物的装载加固方法。

（2）根据的货物外形特征特性，选择合适的车辆、制定加固的方法、选择加固的材料。

（3）熟悉三角挡、扒锔钉的使用。

2. 实验设备及用品

以下用品均为 1：20 的缩小版模型。

（1）外形尺寸 3 960 mm × 1 958 mm × 2 465 mm，件重 2.92 t，轴距 2 127 mm。

（2）木地板平车。

（3）8 号镀锌铁线，扒锔钉，250 mm × 170 mm × 115 mm 及 350 mm × 350 mm × 230 mm 三角挡。

3. 实验方法及步骤

（1）装载方法及步骤。

沿车辆纵中心线对称顺装，每车装载 3 台，台间距不小于 100 mm。

（2）加固方法及步骤。

每台拖拉机前轮前端用小三角挡，后轮前后端用大三角挡掩紧，并与车地板钉固。

在前后轮轴每侧用镀锌铁线 8 股各拉牵 2 小八字形，捆绑在车侧丁字铁或支柱槽上。

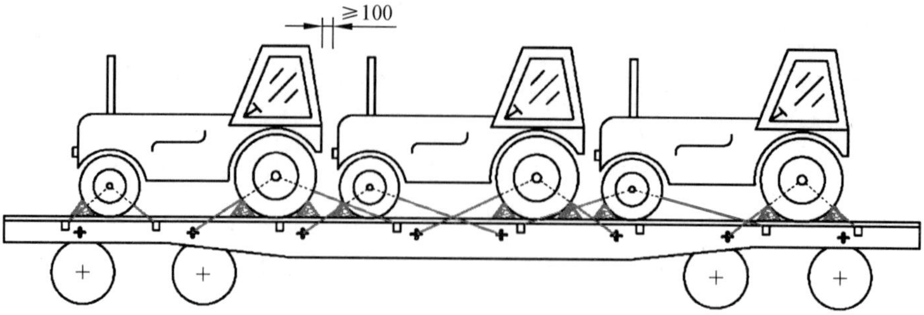

图 5-3-4　轮式货物装载加固示意图

4. 实验要求

（1）门窗锁闭，制动装置全部制动，变速器置于初速位置，制动手柄或拉杆用镀锌铁线捆绑牢固。

（2）加固线与货物和车辆棱角接触处采取防磨措施。

5. 思考题

（1）轮式货物的装载方法有什么特点？

（2）三角挡可用于哪些加固场景？

5.3.5　适箱货物集装箱装载加固实验

1. 实验目的

（1）通过本实验，进一步熟悉集装箱装载的方法。

（2）根据货物的外形尺寸，按照堆码要求，尽可能地做到容积和载重利用率提高。

2. 实验设备及用品

以下用品均为 1∶20 的缩小版模型。

（1）货物规格：纸箱包装件，尺寸为 365 mm × 275 mm × 287 mm，每件 15.3 kg。

（2）准用箱型：40 ft 通用集装箱。集装箱内部尺寸“12 032 mm × 2 352 mm × 2 698 mm”，外部尺寸“12 192 mm × 2 483 mm × 2 896 mm”，容积 76.4 m^3，货重限值 26.6 t。

（3）加固材料：泡沫以及绳网。

3. 实验步骤

（1）计算集装箱长宽高各方向最大装载件数以及受载重限制的最大装箱件数。

（2）计算装载重量，容积利用率。

（3）确定最优装载方案，优化目标为提高产品集装箱内堆码时的稳定性和安全性，方案设计充分考虑前后端堆垛平齐、交错堆码和易加挂防护网等因素。

举例分析：纸箱包装件尺寸为 275 mm × 210 mm × 253 mm，件重 7.9 kg。

参考方案：奇数层从集装箱前端右侧起居中装载，顺装 2 行 42 列，横装 7 行 55 列，第 56 列顺装 11 件。偶数层从集装箱前端左侧起居中装载，顺装 2 行 42 列，横装 7 行 55 列，第 56 列顺装 11 件。每层装 480 件，共 7 层 3 360 件，装载总重 26.54 t。货物与箱侧墙、箱后端间用泡沫板或纸板塞紧填实，箱后端加挂防护网。装载三视图如图 5-3-5 所示。

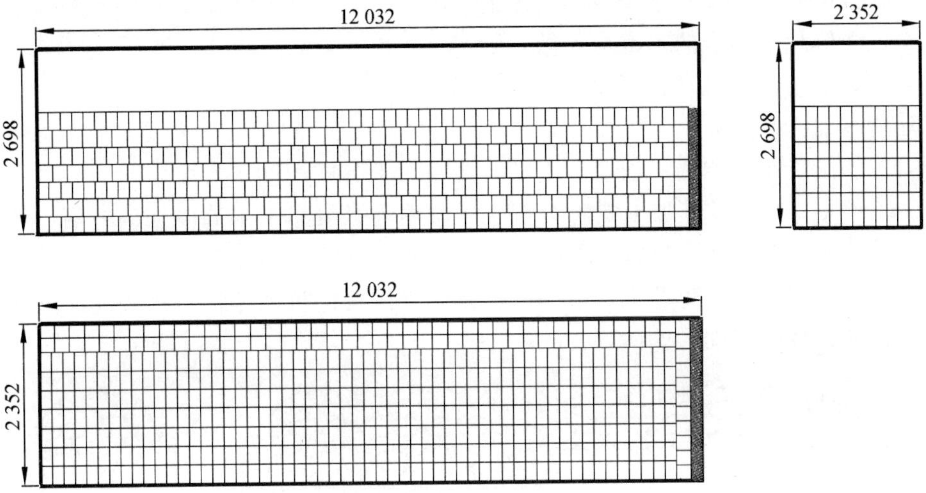

图 5-3-5　件重 7.9 kg（275 mm×210 mm×253 mm）装载三视图

4. 实验要求

搬运货物时要轻拿轻放，做到不拖、不摔、不翻，注意人员和货物的安全。防止货物运输途中倒塌或坠落，确保装载时不出现超载、偏载、集重问题。

5. 思考题

（1）集装箱装载要注意什么事项？

（2）如有不同尺寸的货物，怎样装箱最经济？

5.3.6　袋装货物装载加固实验

1. 实验目的

（1）通过本实验，熟悉袋装货物装载加固的过程和方法。

（2）根据袋装货物的特性，选择车辆，确定加固的方法和加固的材料。

2. 实验设备及用品

以下用品均为 1∶20 的缩小版模型。

（1）货物规格：麻袋、布袋、塑料编织袋、网袋包装货物。

（2）准用货车：通用敞车。

（3）加固材料：上封式绳网。

3. 实验步骤

装载步骤：

（1）装载应排列紧密、整齐、稳固。

（2）装载高度或宽度超出端侧墙时，应层层压缝，并逐层向内收缩，码放成梯形，四周货物倾向中间，袋口朝向车内。两端货物每层收缩长度不小于货物长度的 1/2，两侧货物每层收缩长度不小于货物长度的 1/4。

（3）两侧超出侧墙的宽度应一致。

（4）顶部装载应起脊，不得形成马鞍形。

加固步骤：

（1）超出货车端侧墙 1 层及以上时，应使用上封式绳网。

（2）件重 80 kg 及其以上货物装至距货车端侧墙顶部 1 个高时加铺绳网，件重不足 80 kg 的货物装至距货车端侧墙顶部 2 个高时加铺绳网。

（3）装车完毕后，先两端、后两侧分别将绳网折回拉向车顶，用边绳穿过对侧围筋向后拉紧，捆绑牢固，如图 5-3-6 所示。

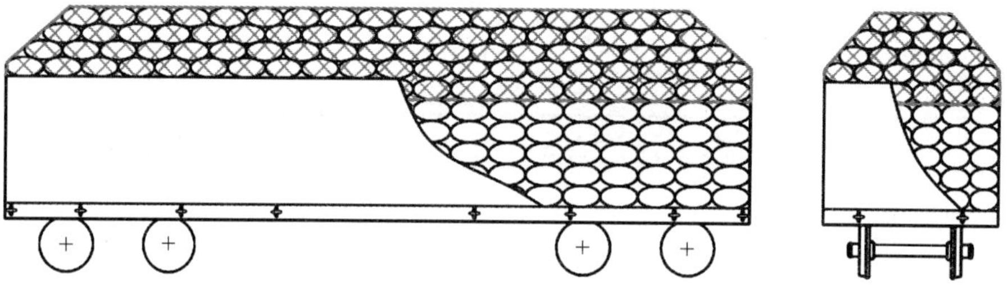

图 5-3-6　袋装货物装载加固示意图

4. 实验要求

装载应排列紧密、整齐、稳固。且应起脊装载。

5. 思考题

（1）袋装货物装卸采用什么装卸机械？

（2）袋装货物装载有什么注意事项？

复习思考题

1. 闭口钢桶气密试验的目的是什么？
2. 袋装货物的装载步骤是怎样的？
3. 危险货物特性的实验目的是什么？
4. 装载加固方案优化要考虑哪些因素？

附 录

附件 1：机箱未使用泡沫缓冲材料时的频谱图

试验类型：正弦试验

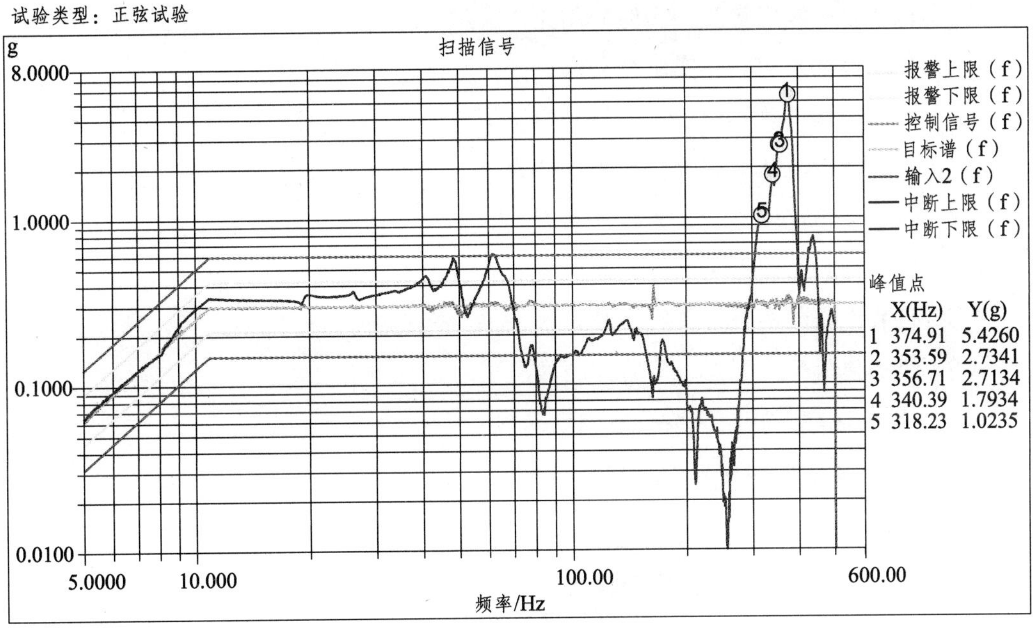

附件 2：实验报告

货物运输包装实验报告

成　　绩：＿＿＿＿＿＿＿＿＿＿＿＿

实验日期：＿＿＿＿＿＿＿＿＿＿＿＿　　实验地点：＿＿＿＿＿＿＿＿＿＿＿＿

1. 实验目的

通过实验，了解每个实验的实验目的，掌握每个实验的实验方法，学会所需实验设备的操作和使用。

2. 实验内容及所采用的实验样品

（1）包装容器气密实验：实验样品为＿＿＿＿＿＿＿＿＿＿＿＿＿＿＿＿＿＿＿＿；

（2）包装容器液压实验：实验样品为＿＿＿＿＿＿＿＿＿＿＿＿＿＿＿＿＿＿＿＿；

（3）包装件堆码实验：实验样品为＿＿＿＿＿＿＿＿＿＿＿＿＿＿＿＿＿＿＿＿；

（4）闭口钢桶跌落实验：实验样品为＿＿＿＿＿＿＿＿＿＿＿＿＿＿＿＿＿＿＿＿；

（5）塑料罐冷冻跌落实验：实验样品为＿＿＿＿＿＿＿＿＿＿＿＿＿＿＿＿＿＿＿＿；

（6）包装空箱抗压实验：实验样品为＿＿＿＿＿＿＿＿＿＿＿＿＿＿＿＿＿＿＿＿；

（7）包装件斜面冲击实验：实验样品为＿＿＿＿＿＿＿＿＿＿＿＿＿＿＿＿＿＿＿＿；

（8）包装件跌落实验：实验样品为＿＿＿＿＿＿＿＿＿＿＿＿＿＿＿＿＿＿＿＿；

（9）包装材料拉力实验：实验样品为＿＿＿＿＿＿＿＿＿＿＿＿＿＿＿＿＿＿＿＿；

（10）塑料编织袋跌落实验：实验样品为＿＿＿＿＿＿＿＿＿＿＿＿＿＿＿＿＿＿＿＿；

（11）正弦变频振动实验：实验样品为＿＿＿＿＿＿＿＿＿＿＿＿＿＿＿＿＿＿＿＿；

3. 实验设备

（1）包装容器气密实验：实验设备为＿＿＿＿＿＿＿＿＿＿＿＿＿＿＿＿＿＿＿＿；

（2）包装容器液压实验：实验设备为＿＿＿＿＿＿＿＿＿＿＿＿＿＿＿＿＿＿＿＿；

（3）包装件堆码实验：实验设备为＿＿＿＿＿＿＿＿＿＿＿＿＿＿＿＿＿＿＿＿；

（4）闭口钢桶跌落实验：实验设备为＿＿＿＿＿＿＿＿＿＿＿＿＿＿＿＿＿＿＿＿；

（5）塑料桶冷冻跌落实验：实验设备为＿＿＿＿＿＿＿＿＿＿＿＿＿＿＿＿＿＿＿＿；

（6）包装空箱抗压实验：实验设备为＿＿＿＿＿＿＿＿＿＿＿＿＿＿＿＿＿＿＿＿；

（7）包装件斜面冲击实验：实验设备为＿＿＿＿＿＿＿＿＿＿＿＿＿＿＿＿＿＿＿＿；

（8）包装件跌落实验：实验设备为____；

（9）包装材料拉力实验：实验设备为______________________________________；

（10）塑料编织袋跌落实验：实验设备为___________________________________；

（11）正弦变频振动实验：实验设备为_____________________________________；

4. 实验目的及实验方法

（1）包装容器气密实验的实验目的是______________________，根据国家标准或铁路《危规》规定，被试样品的测试压力为_______kPa，保压时间为______min，通过检查_______________，来判定被试样品的气密性能是否达到要求。

（2）包装容器液压实验的实验目的是________________，根据国家标准或铁路《危规》规定，被试样品的测试压力为_______kPa，保压时间为______min，通过检查_____________________，来判定被试样品的液压性能是否达到要求。

（3）包装件堆码实验的实验目的是______________________________，其方法是根据国家标准或铁路《危规》的要求施加标准载荷，持续堆码 24 h，检查包装________________________________，来判定被试样品的抗静载荷的能力和对内装物的保护能力是否达到要求。

（4）闭口钢桶跌落实验的实验目的是______________________________，其方法是依据国家标准或铁路《危规》规定，将样品提升至__________m，在自由落体冲击后，检查被冲击部位____________________，来判定闭口钢桶的抗冲击能力是否达到要求。

（5）包装空箱抗压实验是纸箱类包装重要试验项目之一，实验目的是测试纸箱在空箱状态下的___________抗压力。

（6）包装件斜面冲击实验是根据国家标准或铁路《危规》要求，检验被试包装件在运输过程中列车启动、制动、溜放、连挂过程中抗冲击的能力，以及检验其对内装物的保护能力。方法是按国家标准或铁路《危规》设定冲击速度，冲击后检查包装件是否完好，内装物____________________，来判定被试样品是否达到要求。

（7）包装件跌落实验的实验目的是__________________________________，其方法是依据国家标准或铁路《危规》规定，将样品提升至____m，在自由落体冲击后，检查____________________________________，来判定包装件的抗冲击能力是否达到要求。

（8）包装材料拉力实验的实验目的是根据国家标准来测试包装材料在断裂时的________________拉伸力。

（9）振动实验是模拟产品在实际使用和运输中可能受到的振动影响，不一定是实际环境的再现，可以用于发现潜在的破坏性______________，尤其在设计和研发试验阶段，确定样品的机械薄弱环节和特性。

5. 实验强度的选取

（1）闭口钢桶气密实验的实验压力为______________，保压时间为______。

（2）闭口钢桶液压实验的实验压力为______________，保压时间为______。

（3）纸箱包装件跌落实验的跌落高度为____________。

（4）纸箱包装件斜面冲击实验的冲击速度为______（换算后的冲击距离为 1 m）。

（5）闭口钢桶跌落实验的跌落高度为________________。

（6）塑料罐冷冻跌落实验跌落高度为________________。

（7）闭口钢桶堆码实验的堆码载荷为________________。

（8）塑料编织袋跌落实验的跌落高度为______________。

（9）悬臂梁正弦变频振动实验扫频的频率为__________，重复__________。

6. 实验记录、结果与判定

（1）包装容器气密实验。

样品名称：

样品编号	测试压力	保压时间	实验结果（现象）	实验判定

（2）包装容器液压实验。

样品名称：

样品编号	测试压力	保压时间	实验结果（现象）	实验判定

（3）包装件堆码实验。

样品名称：

样品编号	堆码载荷	持续时间	实验结果（现象）	实验判定

（4）闭口钢桶跌落实验。

样品名称：

样品编号	跌落高度	受冲击部位	实验结果（现象）	实验判定

（5）塑料罐冷冻跌落实验。

样品名称：

样品编号	跌落高度	受冲击部位	实验结果（现象）	实验判定

（6）包装件跌落实验。

样品名称：

样品编号	跌落高度	受冲击部位	实验结果（现象）	实验判定

（7）包装件斜面冲击实验。

样品名称：

样品编号	冲击距离	受冲击部位	实验结果（现象）	实验判定

（8）瓦楞纸箱空箱抗压实验。

样品名称：

样品编号	计算的压力	实际测试压力	实验判定

（9）包装材料拉力实验。

样品名称：塑料编织袋

样品编号	样品部位	根据标准要求须达到的拉伸力	实际测试的拉伸力	实验判定

（10）塑料编织袋跌落实验。

样品名称：塑料编织袋

样品编号	跌落高度	受冲击部位	实验结果（现象）	实验判定

（11）悬臂梁正弦变频振动实验。

样品名称：**mm 悬臂梁（不同长度）

样品名称	扫频频率	重复次数	共振频率	实验结果（现象）

7. 实验小结（思考题）

为保证实验结果（或数据）的正确（准确）可靠，实验中应把握的关键点：

（1）闭口钢桶气密实验、液压实验时，达到设置的实验压力保压时要_________，观查有无渗漏时要____________________。

（2）闭口钢桶跌落实验：向桶内注入水的注水量应占桶容积的__________，挂件所挂的点或挂钩所挂的位置要______________________________________。

（3）为保证堆码实验的安全和结果的准确可靠，堆码实验时应注意____________

____。

（4）如何才能保证纸箱包装件跌落实验时冲击部位的准确，需借助_______工具。

（5）为保证包装件斜面冲击实验结果的准确可靠，在放置样品时，应注意_____

____

____。

（6）在进行塑料编织袋拉力实验时，为保证实验数据的准确可靠，需要把握的要点有：____。

（7）进行温湿度预处理的目的：____________________________________

____。

（8）闭口钢桶在跌落后，为何要先泄压，再观察有无渗漏：_________________

____

____。

（9）在机电产品正弦变频振动实验中，从是否添加缓冲材料的频谱对比分析可以得出：____。

8. 自评及建议

（1）自评。

你对以上各实验掌握的程度如何（三选一）？

- 能独立操作（　　）
- 勉强独立操作（　　）
- 不能独立操作（　　）

（2）建议。

危险货物实验报告

平均成绩：＿＿＿＿＿＿＿＿＿＿

一、危险货物特性实验报告

成　　绩：＿＿＿＿＿＿＿＿＿＿

1. 实验目的

本实验的目的在于认识危险货物本身的特性。首先要通过对有关危险货物的外观观察，了解它们的状态、颜色、气味、包装方法及包装标志。在此基础上，进一步通过实验，了解各种危险货物本身的性质。

2. 实验内容

通过基础化学实验手段熟悉危险货物的氧化性、易燃性、毒害性及腐蚀性。

3. 实验设备及用品

（1）蒸发皿、酒精灯、试管、火柴、玻璃棒、烧杯、量筒、pH试纸、不锈钢药勺。

（2）过氧化钠、溴酸钾、硫磺粉、苦味酸、氯酸钾、浓盐酸、稀硫酸、氢氧化钠、过氧化氢、铁钉、铝片、纤维素丝等。

4. 实验现象、结果记录与解释

（1）氧化性。

① 取约0.5 g过氧化钠于一干燥试管中，用试管夹夹住（注意管口不能对着人），在酒精灯上加热，将刚熄灭带火星的火柴梗伸入试管。

现象：＿＿＿＿＿＿＿＿＿＿＿＿；原因：＿＿＿＿＿＿＿＿＿＿＿＿＿＿＿＿＿

＿＿＿＿＿＿＿＿＿＿＿＿＿＿＿＿＿＿＿＿＿＿＿＿＿＿＿＿＿＿＿＿＿＿＿。

另取约0.5 g过氧化钠于试管中，加入约3 mL水，再用刚熄灭带火星的火柴梗伸入试管。

现象：＿＿＿＿＿＿＿＿＿＿＿＿；原因：＿＿＿＿＿＿＿＿＿＿＿＿＿＿＿＿＿

＿＿＿＿＿＿＿＿＿＿＿＿＿＿＿＿＿＿＿＿＿＿＿＿＿＿＿＿＿＿＿＿＿＿＿。

你认为过氧化钠的运输和包装要求为：＿＿＿＿＿＿＿＿＿＿＿＿＿＿＿＿＿＿

＿＿＿＿＿＿＿＿＿＿＿＿＿＿＿＿＿＿＿＿＿＿＿＿＿＿＿＿＿＿＿＿＿＿＿。

② 在通风橱中，取溴酸钾和纤维素丝各约0.5 g于蒸发皿中混合均匀，用明火点着。

现象：____________________；原因：____________________________

____。

以上实验现象说明在运输配装和储存时，氧化剂应该注意：________________

____。

（2）易燃性。

① 在通风橱中，取约 0.2 g 硫粉于不锈钢药勺中，在酒精灯上点燃。

现象：____________________；原因：____________________________

____。

② 在通风橱中，取约 0.2 g 苦味酸（含水≥30%）于不锈钢药勺中，在酒精灯上点燃。

现象：____________________；原因：____________________________

____。

比较二者燃烧剧烈程度，并分析易燃固体在运输过程中应该注意的问题有：____

____。

（3）毒害性。

在一支试管中加入约 0.5 g 的氯酸钾固体，再加浓盐酸观察氯气的放出。用手扇取，闻氯气的气味，然后在试管背面放一张白纸，观察氯气的颜色。

现象：____________________；原因：____________________________

____。

（4）腐蚀性。

① 往试管中加入 2 mL 的稀硫酸，用玻璃棒蘸取液体测定 pH 值，然后放入一颗铁钉观察硫酸对金属铁的腐蚀作用。

pH=________；现象：____；

原因：____。

② 往试管中加入约 0.5 g 氢氧化钠固体，加水溶解，感觉放热现象，并用玻璃棒蘸取液体测定 pH 值，然后放入铝片观察氢氧化钠对金属铝的腐蚀作用。

pH=________；现象：____；

原因：____。

通过以上实验，分析在运输和包装腐蚀性货物时应注意：________________

____。

5. 思考题

（1）为什么要进行货物危险性质检测实验？你觉得实验结果对危险货物运输组织过程有何参考价值？

（2）危险货物分哪几大类？请举例说明。

二、运输过程中外部因素对危险货物的影响

成　　绩：____________________

实验日期：____________________　　实验地点：____________________

1. 实验目的

（1）通过典型危险货物特性实验，观察实验现象并分析原因，熟悉它们的危险特性。

（2）通过危险货物特性实验，熟悉危险性发生的特性（一种危险发生的同时，伴随有其他性质的危险过程）。

（3）结合货物运输过程，根据危险货物特性，熟悉运输过程中外部因素对危险货物一些基本特性的影响。

（4）结合货物运输过程，根据危险货物特性，确定几类典型危险货物在装卸、配装和包装等作业环节应注意的事项，并学会如何根据危险货物性质制定其运输条件。

2. 实验内容

本实验选择实验室安全可控的易爆物（液化丁烷、粉尘）黄磷自燃（模拟破包实验）氧化性对比（溴酸钾与纤维素、红磷与氯酸钾混合与分开对比实验、氯酸钾+白糖+浓硫酸的条件对比实验）易燃物与氧化剂包覆燃烧条件实验（脱脂棉、过氧化钠）灭火禁忌实验（氯酸钾、黄磷、浓硫酸）毒性实验系统（硫化亚铁、稀硫酸、实验用小白鼠）腐蚀性（浓硫酸、有机组织-鸡爪、脱脂棉）等系列为实验对象。通过实验，学习掌握危险货物的特性，及在运输过程中，可能发生的包装破损混合、遇水（硅铁运输案例）摩擦或遇酸等外部因素对危险货物特性的影响。使学生能够针对运输中可能遇到的各种外部因素，确定不同危险货物的运输条件，减少或避免危险事故的发生。

3. 实验设备及用品

（1）淀粉、黄磷、脱脂棉、过氧化钠、溴酸钾、纤维素丝、氯酸钾、红磷、白糖、浓硫酸、硫化亚铁、稀硫酸、实验用小白鼠、鸡爪。

（2）喷雾气雾剂封闭空间试验仪、粉尘爆炸装置系统、硫化氢生成系统及染毒观察室、丁烷气罐、蜡烛、点火枪、烧杯、自封袋、电炉、铁架台、电吹风、滤垫、瓷研钵、蒸发皿、玻璃棒、镊子、细长玻璃管、不锈钢药勺、瓷板、滴管。

4. 实验现象、结果记录与解释

1）爆炸性

（1）喷雾气雾剂封闭空间试验仪接通电源预热 30 min，安放丁烷气罐到相应位置，打开封闭空间盖板，在桶内固定蜡烛的位置固定好蜡烛并引燃，盖板放好，按仪器操作流程进行电子设置并启动试验。

现象：____；原因：______________

____

____。

（2）安置好粉尘爆炸装置，在桶内安放好引火源（蜡烛），粉尘（烘干淀粉）放入粉尘杯，点燃蜡烛，盖上装置上盖后开始鼓入新鲜空气。

现象：____；原因：______________

____

____。

爆炸性物品在存放与保管中应该注意的问题有：____________________________

____

____。

2）自燃（易燃）性

（1）水密封黄磷于烧杯中加热至 45 °C 左右呈熔融状态，取熔融状态的黄磷（带密封水）放入自封袋中并悬挂在置于通风橱（罩）中铁架台上，下端研钵上过滤网（纸），后用剪刀在自封袋的底端一角剪开一个小口让熔融状态的黄磷带水一起流到过滤网（纸）上，滤掉水分，滤网（纸）上留下黄磷，为了加速水分的失去，可以利用电吹风对准滤网上的黄磷进行吹拂的试验。

现象：____；原因：______________

____

在运输和储存过程中，黄磷发生这种事故的外部因素有：____________________

____

此类货物在运输和储存过程中应注意：

____

____

（2）把少量的过氧化钠粉末平铺在一薄层脱脂棉上，用玻璃棒

轻轻压博使过氧化钠进入脱脂棉中，用镊子将带有过氧化钠的脱脂棉轻轻卷好，放入蒸发皿中，用细长的玻璃管向脱脂棉缓缓吹气进行试验。

现象：____；原因：______________

____

____

易燃（自燃）固体在运输过程中应该注意的问题有：________________________

____

3）氧化性

（1）取溴酸钾 0.5 g 两份置于瓷板上两处位置，再取纤维素丝 0.5 g 两份，其中一份与一处溴酸钾混合均匀，一份单独置于瓷板的一处。用点火枪的火焰先灼烧分开的溴酸钾与纤维素丝；再用点火枪的火焰灼烧混合均匀的溴酸钾与纤维素丝粉末。

现象：________________；原因：________________

（2）取红磷 0.5 g 两份置于瓷板上两处位置，再取氯酸钾 0.5 g 两份，其中一份与一处红磷放置一起，一份单独置于瓷板的一处。用两支玻璃棒单独搅拌摩擦红磷与氯酸钾；再用一支玻璃棒搅拌摩擦放置一起的红磷与氯酸钾。

现象：________________；原因：________________

在运输和储存过程中，造成上面现象的外部因素有：________________

氧化性物质与还原性物质的混合物在运输和储存过程中应注意：________________

安全火柴的发火过程为：________________

（3）各取氯酸钾和白糖约 0.5 g，轻轻在瓷研钵内混合均匀，将混合物堆放在瓷板上，从顶上滴加 1 ~ 2 滴浓硫酸（危险！注意操作，防止滴到衣服和身体上）。

现象：________________；原因：________________

在运输和储存过程中，造成上面现象的外部因素有：

氧化性物质和易燃物的混合物在运输和储存过程中还应注意：

从以上实验现象说明在运输配装和储存时，氧化剂应该注意：

4）毒害性

配装好硫化氢生成装置+染毒观察室+尾气吸收装置；取 10 g 左右的硫化亚铁放入启普发生器后连接好气体收集管道，将试验用小白鼠放入染毒观察室并密封好，打开气体开关，从稀硫酸注入口缓慢注入，直到淹没完硫化亚铁为止，此时观察启普发生器内出现的现象，并观察染毒室中小白鼠的活动变化。

现象（启普发生器内）：________；现象（染毒观察室内）：________；原因：________

以上实验现象说明在运输配装装卸与搬运时，毒性物质应该注意：

5）腐蚀性

于试验台上研钵中放入一定量的脱脂棉，缓慢滴加 3 ~ 5 滴浓硫酸，观察脱脂棉发生的变化；于装有浓硫酸的烧杯中，轻轻放入一定量的鸡爪，观察杯中出现的现象，过一定时间后捞出鸡爪观察其发生的变化。

现象（脱脂棉）：____________________；现象（鸡爪）：____________________；原因：____________________

通过以上实验，分析在运输和包装腐蚀性货物时应注意：____________________

6）灭火禁忌

在一玻璃杯中盛大半杯水，把十几颗氯酸钾晶体放到水底，再用镊子夹取几小粒黄磷放到氯酸钾晶体中。接着用玻璃移液管吸取浓硫酸少许，移注到氯酸钾与黄磷的混合物中，观察水中出现的现象。

现象：____________________；原因：____________________

燃烧四面体指的是：____________________

5. 思考题

（1）危险货物在运输过程中会受到哪些外界条件的影响？

（2）灭火方法有哪些？有哪些注意事项？

（3）通过实验，你认为对黄磷和金属钠的包装有什么要求？

（4）对于氧化性物质，你认为在运输和储存过程中应该注意哪些问题？

（5）为什么要进行货物危险性质检测实验？你觉得实验结果对危险货物运输组织过程有何参考价值？

装载加固实验报告

成　　绩：____________________

实验日期：____________________　　实验地点：____________________

1. 实验目的

通过货物装载实验，了解不同货物装载时选取车辆的原则，学会制定装载方案，计算装载加固材料需要的力，选取合适的加固材料。

2. 分析货物的特点及运输要求

3. 确定选用货车

4. 确定装载方案

确定货物重心在车辆横向和纵向上的位置，计算重车重心高度，并进行超限检查。确定装载位置时，要满足装载方案原则，确定 2 种以上的方案，对可能的装载方案进行比较，应尽可能降低货物超限等级和重车重心高度，使装载方案经济合理。

5. 确定加固方案

计算货物的力，计算需要加固材料承受的力，选择加固材料，制定加固方案。

6. 画出货物装载加固的三视图

7. 自评及建议

（1）自评。

你对以上各实验掌握的程度如何（三选一）？

- 能独立操作（　　）
- 勉强独立操作（　　）
- 不能独立操作（　　）

（2）建议。

参考文献

[1] 刘作义，郎茂祥. 铁路货物运输[M]. 北京：中国铁道出版社，2011.

[2] 韩梅. 铁路货运技术[M]. 北京：中国铁道出版社，2010.

[3] 刘作义，郎茂祥. 运输商务[M]. 北京：中国铁道出版社，2011.

[4] 吴育俭，郭维鸿，刘东岭. 铁路货运技术[M]. 北京：中国铁道出版社，2000.

[5] 罗颖. 铁路危险货物运输安全分析[D]. 成都：西南交通大学，2018.

[6] 铁总运〔2015〕296 号，铁路货物装载加固定型方案[S]. 北京：中国铁道出版社出版，2015.

[7] 铁总运〔2015〕296 号，铁路货物装载加固规则[S]. 北京：中国铁道出版社出版，2015.